# さよなら、俺たち

清田隆之
（桃山商事）

STAND BOOKS

さよなら、俺たち

# 目次

## 3 私たちはすれ違ってすらいないのかもしれない
——コミュニケーションと聞く力

## 4 生理が自己責任になってしまうディストピア
### ——強固な男性優位の社会構造

さよなら、俺たち

# さよなら、俺たち

さよなら、という言葉を使う機会は多くない。別れのあいさつであることを知らない人はいないが、口にするのは意外と難しい。「バイバイ」「またね」「お疲れさまでした」とは言うかもしれないが、「さよなら」という言葉を使う人は実際どれくらいいるだろうか。どことなく重さやさみしさがつきまとい、気軽には言えない。感覚的に抱くちょっとした〝言いづらさ〟の裏には、この言葉に宿る本来の意味がきっと関係している。

私は普段、恋バナ収集ユニット「桃山商事」の一員として、人々の失恋体験や恋愛相談に耳を傾け、そこから見える恋愛とジェンダーの問題をコラムやラジオで発信している。ジェンダーとは「社会的・文化的に形成された性別」と訳される言葉だ。常識や役割、システムやルール、教育やメディアなど様々なものの中に潜んでいて、それらを空気のように吸い込むことで知らぬ間に構築されてしまう「男らしさ」「女らしさ」のようなものを指す。何かと男女二元論で語るのは乱暴だし、「男女である前にひとりの人間」と性差をめぐる議論を敬遠する向きもある。それはその通りだと思う。しかし、ジェンダーとしての男女はやっぱり違う。あまりにも違うと私には感じられてならない。

なぜ歴代の首相はすべて男性なのか。なぜセクハラや性暴力の被害者は女性ばかりなのか。家事や育児の負担が圧倒的に女性に偏り、性風俗やアダルトコンテンツのほとんどが男性向けなのはなぜなのか。2019年、私は『よかれと思ってやったのに——男たちの「失敗学」入門』(晶文社)という本を書いた。これまで女性たちから聞いてきた「男に対する不満や疑問」にまつわる膨大なエピソードを分類し、男性当事者としてその背景や原因について考えた一冊だ。そこには驚くほど似通ったエピソードがたくさんあった。〝あるあるネタ〟と言ってしまえばそれまでだが、すべて異なる男性たちの話であるはずなのに、同一人物かと疑いたくなるくらい同じようなことをしている。判で押したような言動が量産されている背景には、間違いなくジェンダーの影響がある。

ここ数年、「男性性」や「性差別」の問題が取り沙汰されることがとても増えている。立場ある男性がセクハラやパワハラで失脚するニュースはあとを絶たないし、企業や自治体の広告、あるいは男性の政治家や芸能人の発言が「女性蔑視的だ」と批判されて炎上する事件もたびたび発生している。大学入試や就職試験で男子学生が優遇されていたという驚きの事実が発覚したのも記憶に新しいし、世界経済フォーラムが発表している「ジェンダー・ギャップ指数」で日本は毎年低迷しており、今年2020年の発表では、153か国中121位という過去最低の順位だった。

もちろん「男性が加害者、女性が被害者」という話ではないし、すべての男性が女性蔑視をするわけでもない。しかし、男性が「男性である」だけで与えられている〝特権〟は確実にあって、それは「考えなくても済む」「なんとなく許されている」「そういうことになっている」といったかたちで我々のまわりに漂っている。だから多くの場合、それが特権であることに気づかない。そういった土壌の上に建っているのが男性問題であり、おそらく太古の昔から存在してきたはずだ。そしてフェミニズムをはじめ、ジェンダーの問題に取り組んできた無数の人々が長年それに疑問を投げ続けてきた。そういう粘り強い運動がベースにあり、近年SNSやネット空間でどんどん可視化されてきた女性たちの声や、また2017年に巻き起こった「#MeToo」ムーブメントのうねりなども相まって、これまで特権という隠《かく》れ蓑《みの》に守られていたマジョリティ（社会的多数派）男性たちに自省や変化の必要性が突きつけられているのが2020年の現在だと思う。

これは大げさに言えば「地殻変動」のようなものかもしれない。私の恩師であり、英米演劇の研究者である早稲田大学の水谷八也先生は、『ハムレット』の有名なセリフについてこのように述べている。

16世紀に入って、何百年と続いてきた宇宙観やカトリックの地盤が揺らぎ始めたことによる人間の「知」の地殻大変動は17世の後半まで続きます。このような時代を背景にシェイクスピアの『ハムレット』を考えてみると、思わずうなってしまいます。

あの有名な独白、"To be or not to be, that is the question."を例に取ってみましょう。日本では長年、「生か死か、それが問題だ」というように「生きるか、死ぬか」の問題として訳されてきましたが、1970年代に小田島雄志が「このままでいいのか、いけないのか、それが問題だ」と訳しました。

ここまで見てきたような人間の知の地殻大変動期のことを考えると、正鵠を射た訳だと言えるでしょう。研究社の『シェイクスピア辞典』によれば、『ハムレット』が書かれたのは「1600年頃（1599年末以降1601年2月以前）」です。つまり、大きく時代が変化していったその折り返し点である1600年頃にこの台詞が書かれていたのだと考えると、ゾクッとします。と同時に、小田島雄志の言葉のセンスにしびれます。

（note「基本的人権と日本の近代——シェイクスピアの混乱から星野源の『ばらばら』へ（4）」）

ルターによる宗教改革があり、コペルニクスが地動説を唱え、それまでの神を中心とする絶対的な宇宙観に揺らぎが生じはじめたタイミングで書かれた“To be or not to be, that is the question.”というセリフに、「このままでいいのか、いけないのか、それが問題だ」の訳が当てられている。このことを恩師から教わったのは最近のことだが、私にはこれが現在の男性問題にも当てはまる言葉に思えてならなかった。

マジョリティとはその存在が自明視され、改めて問われることがない人々を指す言葉だ。もちろんひとりの人間は様々な属性の集合体であり、その中にはマジョリティ性とマイノリティ性が混在している。なのでひとつの属性でその人のすべてを語ることは当然できないが、それでもやはり、この社会でマジョリティとされている「男性」という属性について見つめ直す必要があるだろう。

男性であることを主張しないと「ないもの」にされてしまう経験はそうそうないし、男性という属性に関する説明を他者から求められる機会もほとんどない。「俺たち」という集合名詞に埋没し、いろんなことに無自覚のままでいられるという特権に浸ってきた我々は、自己の言語化に向き合ってこなかった。外部からの様々な働きかけによって男性問題が浮き彫りになり、強固な地盤にヒビが入りはじめた今、存在（be）について問うた「このままでいいのか、いけないのか、それが問題だ」という言葉が鋭く迫ってくる。

私は本書でひたすら自分のことを書いた。失恋という喪失体験にはじまり、恋バナ収集の現場で見聞きしたエピソードや、友人知人との語らい、ニュースや社会問題、また本や演劇といったカルチャーを通じて考えてきた「自分と男性性」の問題を取り上げている。それは男性というジェンダーについて見つめ直し、「俺たち」から「私」という個人への脱皮を目指すためのプロセスと言っていいかもしれない。

昔、桃山商事のメンバーである森田雄飛からおもしろい本を教えてもらった。それは倫理学者の竹内整一さんが書いた『日本人はなぜ「さようなら」と別れるのか』（２００９年、ちくま新書）という本だ。私はここではじめて「さようなら」の本当の意味を知った気がする。それはハッとする体験だった。「はじめに」で著者はこのように述べている。

本文でくわしく見ますが、「さらば」「さようなら」とは、本来「然《さ》あらば」「さようであるならば」ということで、「前に述べられた事柄を受けて、次に新しい行動・判断を起こそうとするときに使う」とされた、もともと接続の言葉です。その、本来接続詞である言葉で、日本人は、すでに一〇世紀のむかしから別れてきているわけですが、なぜわれわれは、このような言葉で別れてきたのだろうか、という疑問でもあります。

世界の別れ言葉というのは大きく分けて3つに分類されるようで、それぞれ英語の「Good-bye」やスペイン語の「Adios」といった「神のご加護を」系、「See you again」や中国語の「再見」などの「また会いましょう」系、「Farewell」や韓国語の「アンニョンヒケセヨ」などの「お元気で」系となっている。日本語の「さようなら」はこのどれにも当てはまらないとても珍しい言葉で、そこには日本人の「別れ」に際しての「心のかまえ」が密接に関連しているという。

日本人が「さらば」「さようであるならば」と別れるのは、古い「こと」が終わったときに、そこに立ち止まって、それを「さようであるならば」と確認し訣別しながら、新しい「こと」に立ち向かおうという心のかまえ、傾向を表しているという説明です。

この本で紹介されているアメリカの紀行作家アン・リンドバーグの言葉を借りれば、「Till we meet again のように〈別れの痛みを再会の希望によって紛らそうと〉しない、Farewell のように〈別離の苦い味わいを避けてもいない〉、Good-bye のように神に助けを求めることもしない」言葉、それが「さようなら」だというのだ。私は30歳の時、大きな失恋を経験した。結婚観や家族観など様々なすれ違いが広がり、もはや修復は不可能という地点に至っての別れだった。最後の瞬間は池袋駅の改札前だった。5年以上にわたる長いつき合いがこれで終わる。もしかしたら彼女に会うのは人生でこれが最後かもしれない。感傷的な気持ちに押し潰されそうになっていた私は、最後の別れ際に思わず「またね」と言ってしまった。まさしく〈別れの痛みを再会の希望によって紛らそうと〉し、〈別離の苦い味わいを避け〉ようとした結果の「またね」だったと思う。

ちゃんと「さようなら」するためには、これまでの出来事を向き合って受け止め、しっかり決着をつけた上で決別し、新たな一歩を踏み出す必要がある。この態度はおそらく「このままでいいのか、いけないのか、それが問題だ」という『ハムレット』の言葉とも地続きで、現代を生きる我々男性に必須のものではないかと私は考えている。

本書の編集者である森山裕之さんと知り合ったのは10年以上前のことだ。以来、定期的にカフェでお茶をしたり、庭の草むしりを手伝ったり、失恋した日の夜に話を聞いてもらったこともあった。本格的に仕事をするのはこれが初めてのことだと思う。私も森山さんも、家に本が一冊もない環境で育った。経験や体感が先にあり、本の言葉で事後的にそれらを言語化していく人生を送ってきたのが我々だ。私がいろんな媒体で書いてきたエッセイを森山さんが編み、この本ができ上がった。男ふたりで男性の問題に向き合う時間は楽しいものだった。性格は真面目だがノリは軽い我々らしく、「さようなら」を「さよなら」と、ちょっとだけライトな響きにしてみた。

さよなら、俺たち。決して簡単なことではないし、これからだって囚われてしまうと思うけど、自分と向き合い、他者と向き合うためにも、まずは「私」という個人になる必要があるだろう。もう集合名詞に埋没したままではいられない。ばらばらな個人としてみんなと一緒に生きていくためにも、私は「俺たち」にさよならしてみたいと思う。

# 1

## あの人がいない人生を生きるのだ

——失恋による小さな死

# あの人がいない人生を生きるのだ

## 恋人のことを「お前」と呼んでいた過去の自分

〈あなたはね、広い視野の持ち主だから、私に限らず他の人のことも見てあげるでしょ。それはすごく尊敬する。でもね、一方で、私だけじゃないんだって思うのよ。だから私が頼っても、他の誰かが頼ってきたら、そっちも助けたい、どうにかしてあげたいって思うわけでしょ。あなたに頼りたいとき、話を聞いて欲しいとき、一緒にいられないのは、ちょっとつらい〉

私は今、アディダスの靴箱に詰め込まれた過去の記憶を開封している。「思い出ボックス」と呼んでいるこの箱には、かつて恋人とやりとりした手紙や交換日記、片想いの相手や別れた恋人に渡せなかった文章などが保管されている。

冒頭に挙げたのは、大学生の時につき合っていた人からもらった手紙の一節だ。彼女とはクラスメイトという間柄で、まわりの友人には交際をオープンにしていなかった。お別れをしたあと、彼女がくれた別の手紙にはこのようなことが書かれてあった。

〈何度も誰かに相談しようかと思ったけど、清田くんがまわりの人たちと気まずくなったら嫌だなと思って、クラスの人には誰にも話してないから安心してください〉

つらい。とてもつらい……。大学2年生のこの年、2001年に、私は数人の男友達と共に桃山商事の活動を立ち上げている。恋愛で苦しむ女子の愚痴に耳を傾け、みんなで盛り上げようというのが当初のコンセプトだった。珍しがられたし、有り難がられもした。最初は身近な女友達を対象にした遊びのような活動だったのが、噂が学内外に広がり、友達の知り合いや面識のない女子学生、さらには近隣の女子大からも依頼が来るようになった。そして段々と本格的なサークル活動に発展していった。

それが今なお続き、こうして仕事にもつながっているわけで、我ながらユニークな企画を発案したと思う。しかしその裏で当時の恋人を先のような気持ちにさせていた上、別れたあとにクラスで居場所がなくならないよう配慮までしてもらっていたとは。

〈あー、9日間、短いようで長かった。やっぱ4か月も一緒にいると、隣にキヨタくんがいるのが自然になっちゃってるから、隣にいないとサミシイよ。キヨタくんはこの9日間、少しでもわたしに会いたいと思ったことはあった？〉

これは私が高校3年生の時につき合っていた彼女との交換日記の一節だ。人生で初めてできた恋人だった。当時受験生だった我々は、テスト勉強のためしばらく会うのを我慢していた。9日ぶりに会った恋人。彼女から受け取った交換日記には青春映画のような言葉がつづられている。さぞ浮かれて返事をしているかと思いきや……次のページで私はこんなことを書いていた。

〈今朝、夢にお前が出てきた。なんと、お前にフラれる夢を見た。なぜ？　おかげで今日はまったく勉強できなかった。バカ！　ところで、お前は来週からスノボに行くんだって？　え？　うらやましいねー。まったくズルイ。こっちは勉強づけの日々だってのによー。俺の分まで楽しんできてね（嫌み）。調子に乗ってジャンプとかすんなよ〉

……絶句。彼女の問いかけになんの応答もしていないばかりか、むしろ冷や水を浴びせるようなことを言っている。鬱屈した日々を過ごしているストレスや、目標通りに勉強が進められていない自分の弱さを彼女のせいにしているところも絶望しかない。このあともひたすら「俺は頑張ってる」という主旨の近況報告が続き、読みながら変な汗が噴き出てくる。恋人のことを「お前」と呼んでいる自分にも驚愕だ。

**「だけど俺は特別な存在だよね？」というズルさ**

大学4年生の時、人生で3人目の恋人ができた。彼女は大学の同級生で、専攻もサークルも同じでいつも一緒にいるような仲だった。しかし、スムーズにはじまった恋愛では決してなかった。おつき合いをする前に、私は彼女からこのような手紙をもらった。

〈清田とはかなり昔から仲良くなりたいと思っていました。それは、恋愛感情からどのくらい遠いのかわからないけれど、お互いのことを異性としては認めながら、でも特別意識し合うレベルまでは行かないような関係で仲良くなりたい、という気持ちでした。私は恋愛って終わるものだと思っています。だから、清田が迫ってきた時に拒んだのは、あなたとは長く仲良しでいたいと思っていたからで、男女の濃い関係になってしまったら、いつか取り返しがつかなくなって、疎遠になる時が来る、そうはなりたくなかったからです。決して「キモい」からではありません〉

授業やサークルで多くの時間を共にするうち、私はいつしか彼女のことを意識するようになっていた。互いに学校の近くに部屋を借りていたため、どちらかの家で飲んでそのまま雑魚寝《ざこね》するということがよくあった。つき合っていないのに酔ってキスしたこともあった。私の欲望はエスカレートしていき、ある夜、彼女にセックスを迫った。しかしダメだと拒まれた。私は自分がキモいから拒否されたのだと思い込み、彼女の前で当てつけのようにふて腐れてしまった。それに対し、彼女が正直な気持ちをつづってくれたのがこの手紙だった。そこにはこんな続きもあった。

〈つき合っていない、ということについて。清田は、安心感に裏打ちされた不安によって私を大事にすることができる。私はつき合っていないことによって、あなたに依存しすぎることを抑えられる、と考えていました。だから誰と何をしているかとかなるべく聞かないし、独占欲で縛ったりしないようにしていました。どこまでできていたかはわからないけど〉

私はこれを読み、核心を見抜かれたような気がしてドキッとした。それは自分自身の〝ズルさ〟だ。当時、私は彼氏でもないくせに彼女に男の影がチラつくたび嫉妬心をぶつけていた。一方で「だけど俺は特別な存在だよね?」という謎の自負があり、内心では他の人のところには行かないだろうとも思っていた。そういう無自覚なズルさを彼女は「安心感に裏打ちされた不安」と端的に見抜いていた。私はこの手紙を読み、「このままでは彼女がいなくなってしまう」と急激に焦りや恐怖を覚え、彼女の部屋に行って泣きながら必死に追いすがった。そして真剣な話し合いを経て、最終的に正式な恋人関係を結ぶことになったのだった。

**「キヨタのことはもう友達としか思えなくなった」**

〈キヨタは今、いろんな仕事をして、がんばっていますね。そんなキヨタを見て、私たちはもう別々の道を歩きはじめているんだと感じました。それぞれの大切な時間を、もっと大切なことにあてるべきなんじゃないかと、私は考えました。本音を言うと、キヨタとは結婚を考えていたけど、どうにもうまくいかない気がしました。そんなふうになれたら、楽しいだろうけどね。キヨタも今のまま、本をたくさん読み、いろんな人と話をして、力をためて、やりたい仕事を実現させてください。陰ながら応援しています。今まで本当にありがとう〉

30代のはじめ、私は約5年間つき合った恋人からこんな別れの手紙をもらった。彼女は人生で4人目の恋人だった。当時の私は、学生時代からの夢だった物書きの仕事でどう身を立てるか、そのことばかり考えていた。そんな日々の中で受け取ったのがこの手紙だった。

　彼女は高校生の時からの知り合いで、長い友達期間を経て交際に至ったという経緯があった。一緒に浪人生活を送り、将来やりたいことを語り合った。私は彼女に長いことほのかな恋愛感情を抱いており、実際に学生時代に告白をし、何度かフラれたことがあった。だから恋人関係になることはすっかり諦めていたが、不思議と友人関係は続いていた。彼女は目標だった医療関係の仕事に就き、私も大学の同級生と出版系の制作会社を立ち上げ、業界の端くれに身を置くことができた。社会人になり、互いにやりたい仕事を頑張る中で、ひょんなことからつき合うきっかけが生まれた。時を経て長年の片想いが実ったようで、夢のような心地だった。

　彼女との恋愛は楽しく続いていた。ところが30代を目前にしたあたりから徐々に暗雲が立ち込めてきた。原因は結婚をめぐるすれ違いだった。交際5年のアラサーカップルともなれば、結婚の話が出てもおかしくないところだが、当時の私は「したい気持ちはあるけどまだまだ先のこと」くらいに構えていた。

　その頃、リーマン・ショックなどの影響で会社の売り上げが目に見えて落ち、経営が苦しくなってメンバー全員の給料を大幅に下げていた。また、雑誌ライターとして様々なジャンルの記事を書く仕事は楽しかったが、自分の視点で物を書けるようになりたいという目標は達成できていなかった。結婚はそういった諸々を乗り越えてからというのが自分の正直な気持ちだったが、彼女の考えとはかなりのズレがあった。結局、最後までその溝は埋まらず、「キヨタのことはもう友達としか思えなくなった」というメールをもらい、最後の話し合いを経て彼女との関係は終わりを迎えた。

## 「見たくない自分」とどう向き合っていくか

過去の思い出は美化される、とよく言われる。確かにそういった側面はあると思う。彼女たちとはすべて失恋という結果に至ってしまったが、私にとってはどれも素敵な思い出だし、相手にとってもそうだろう……と信じたい気持ちでいっぱいだ。しかし、書き文字というかたちで保存された当時の感情や出来事を開封してみると、そこには目を背けたくなるものもたくさんあった。それはつまり自分自身の姿だ。

恋愛をすると、自分という人間が否応なしに立ち現れる。自分の欲望、自分の癖、自分の価値観、自分のコンプレックス……。親密な人間関係においては、「いい自分」と同じくらい「嫌な自分」も露わになる。油断や甘え、執着や独占欲などが絡んでくるシーンではそれがより顕著になる。手紙や交換日記の中の私は、いつも自分のことで精いっぱいで、身近な人のことを考える余裕がなく、恋人は当たり前のようにそこに存在しているものだと思い込んでいて、相手の変化にまるで気づいていない。正直、これを直視するのはかなりつらい。

私はこれまで女性たちから様々な恋愛の悩みを聞いてきた。彼氏との交際を公言できないことに傷ついていた女性もいたし、恋人の不機嫌な態度に苦しめられている女性もいた。男性のズルい言動にモヤモヤしている女性もいたし、仕事を言い訳に結婚を先延ばしにする彼氏に悩まされている女性もいた。こういう話に接すると、何か鏡を突きつけられているような気分になり、毎回ゾッとする。「完全に俺じゃん……」と背筋が凍る。しかし、それらはまぎれもない現実であり、なかったことにはできない。そういう「見たくない自分」も含めて自分自身について研究していくことの意義こそ、私が桃山商事の活動を通じて得た最大の学びだ。

恋人たちとの時間は絶対に戻ってこない。

もっと話を聞ければ良かったし、自分も会えなくてさみしかったと伝えられれば良かった。自分のズルさをもっと自覚できれば良かったし、彼女が別れを決断する前に気持ちの変化に気づけたら良かった、と思う。でもやはり、当時の自分にはできなかっただろうな、とも思う。では、これからの自分はどうなのか。

恋愛のほとんどは終わってしまう。人生のある時期、誰かに強烈な思いを抱いたり、誰かと濃密な時間を過ごしたとしても、最終的には失恋という結末に至り、誰もが「あの人がいない人生」を送ることになる。私は幸運なことに、彼女たちのほとんどと友人関係に戻ることができた。SNSで近況を知ることができるし、今もときどき連絡を取り合うことがある。でもそれは、当たり前だけど当時の恋人たちではない。その時に戻ってありがとうやごめんなさいを伝えることはできないし、今伝えたところで当時の感情ははるか彼方へ去ってしまっているだろうけど、かつて確かに存在していた真剣な思いの数々と向き合いながら、今日もあの人がいない人生を生きるのだ。

# 失恋による〝小さな死〟を乗り越えるには

## 自尊心の危機、人はどう自分を支えるか

失恋というのは〝小さな死〟とも言うべき喪失体験ではないか、と思う。相手がいなくなることはもちろん、その人がいることを前提に成り立っていた日常や、これからその人と迎えるはずだった未来、そしてその人と一緒にいる時の自分など、本当にいろんなものを失うことになるからだ。

私も30歳の時に大きな失恋を経験した。

仕事を言い訳に結婚と向き合わず、5年つき合った恋人に愛想を尽かされたという顚末だったが、別れてから3年間も彼女の夢を見続け、たくさん後悔をし、こらえ切れず年賀状を出したこともあった（返事なし……）。そんな時期に何度も何度も読んでいた

のが上原隆さんの本だった。

『友がみな我よりえらく見える日は』（学陽書房）は、１９９６年に出版された代表作と呼べる一冊だ（幻冬舎アウトロー文庫版は１９９９年）。個人的に『断片的なものの社会学』（岸政彦著、２０１５年、朝日出版社）や『あなたを選んでくれるもの』（ミランダ・ジュライ著、岸本佐知子訳、２０１５年、新潮社）、ＮＨＫの「ドキュメント72時間」など、名もなき〝市井《しせい》の人々〟にスポットを当てた書籍や番組に心惹かれる傾向にあるが、そのきっかけとなったのは間違いなくこの本だ。

困難に遭遇し、プライドを根こそぎにされ、自分を道端にころがっている小石のように感じる時、人は自分をどのように支えるのだろうか？

（『友がみな我よりえらく見える日は』）

本の冒頭にはこんな一節がある。上原さんの本では、とりわけ苦悩や困難を抱えた人々の人生が描かれるのだが、この本にも事故で失明した中年男性、登校拒否をしていた高校生、夫の浮気に苦しむ妻などが登場する。

自尊心の危機が訪れる中、人はどうやって自分を支えるのか。そんな問題意識を持って人々の人生に分け入り、グッとくるポイントをすくい上げ、端正な〝ノンフィクション・コラム〟としてまとめ上げる。これが上原作品の真骨頂だ。

『友がみな我よりえらく見える日は』に収録されている「容貌」という話には、容姿が美しくないことを自認する40代の独身女性が登場する。彼女には8年間も片想いをしている男性がいた。年に一度だけ、旅行のお土産を渡す口実でその男性と会う。そんな関係性に踏ん切りをつけた翌年、その人から突然の呼び出しを受ける。期待に胸を膨らませて行ってみると、借金の申し込みだった。

「その時にね、喫茶店に入ってミルクティを頼んだんですよ。私あせっちゃって、もう、カッカッきてるから、ミルクティがきた時、ポットに粉ミルクが入ってたの。で、ミルクだと思って入れちゃったら、それがチーズだったんですよ。（中略）チーズだから溶けないわけ、浮いてんの全部、溶けないんですもの。上にポッカリ浮いちゃって。彼が見てるし、飲んじゃった。飲み込んじゃった。気持ち悪くて気持ち悪くて、ミルク、後から来たの。いま、思ってもすっごく恥ずかしい。」

（同書）

ここには彼女が現場で抱いたであろう感情のすべてが織り込まれているような気がし、読みながら引き込まれてしまった。そして、そんな彼女は45歳の時、自分の裸体をまだ誰にも見せたことがないからと、プロのカメラマンにヌード撮影を依頼した。自分でも「美しい」と思えたその写真は、彼女を支えるささやかなお守りになった。

## そこに存在していた膨大な時間や感情の一端に触れる

また、『にじんだ星をかぞえて』(2009年、朝日文庫)という本には「傷を見るのをやめた」という話が収録されている。結婚9年目に突然夫から離婚を切り出された女性の話だ。夫婦は大学時代の先輩後輩で、よくふたりで旅行をしたり、互いにプレゼント交換をし合ったり、仲良く楽しく暮らしていた。ところがある日、彼女は夫から恋人ができたことを聞かされる。相手は同じ職場の女性らしく、すでに妊娠までしており、夫は責任を取る決意を固めている。

ふたりには妊活を断念した過去があり、ここ数年はセックスレスになっていた。しかし、仕事が忙しい夫に負担をかけたくないという思いから、彼女はヨガやテニスを習い、自分の生活を充実させていた。しかしそれが原因で「彼がいなくても生きていけると思わせてしまった」という。夫の母からは「あなたも悪い。夫を自分の方に向かせる努力が足りなかった」「大人三人は悪い。でも生まれてくる子どもにはなんの罪もない」とも言われた。夫が離婚を切り出してきたのは、ふたりでマンションを購入した3か月後のことだった。

私も5年つき合った恋人との間に別れ話が持ち上がった時、彼女の親類が揃う場所に呼び出され、結婚する気はあるのか、将来のことはどう考えているのかと問い詰められたことがある。当時私は大学時代の同級生と立ち上げた出版系の制作会社で働いており、収入は不安定だった。結婚したい気持ちはあったが、そんな状態では到底自信が持てなかった。彼女の親戚から月収や貯金について詳しく質問された。「ご両親の介護が必要になったら妹さんに任せられる？」とも聞かれた。「今からちゃんとした企業に転職できないか」とも聞かれたし、「失礼だけどご実家の土地も調べさせてもらった」とも言われた。とても屈辱的な体験だった。

「離婚の痛手からどうやって立ち直ったんですか」私がきく。

「傷ばっかり見てたんですけど」良子がいう。

「いったん傷を見るのをやめたんです」

今やってる営業補助は一生できる仕事じゃない、そう考えて小学校の教員免許状を取ることにした。調べたら試験が二カ月後にある。二カ月間すべてを忘れて猛勉強した。試験に合格した。気がつくと、悩む回数が減っていた。（『にじんだ星をかぞえて』）

コラムの最後、上原さんは彼女と一緒にかつて夫婦が住んでいたマンションを見に行く。購入した3か月後に離婚を切り出されたあのマンションだ。エントランスのドアを開けようとした時、彼女は笑顔で「私、暗証番号忘れちゃってる」と言った。

こういったエピソードの数々に、当時の私はしみじみ感動していた。ページをめくっている間は失恋による孤独や悲しみが不思議と和らいだ。粉チーズを飲み込んでしまった彼女の心境やヌード写真を眺めている時の少し誇らしげな表情、義理の母親から理不尽に責められた時の屈辱感や、いつの間にか暗証番号を忘れていたという彼女が乗り越えてきた時間など……そういったものがリアルに立ち上がり、まるでその場に居合わせ、上原さんやこの女性たちと対話しているような気分になったからだ。

思うに、感動というものの正体は「そこに存在していた膨大な時間や感情の一端に触れてしまうこと」ではないだろうか。読書で言えば、文章に織り込まれた時間や感情の堆積《たいせき》が一気にこちらへ流入してきて、心が強く揺さぶられる。そういう現象を感動と呼ぶのではないかと私は感じている。こういった体験のおかげで、失恋によって生じた空白が少しずつ埋まっていった。

文章の素晴らしさは、水面下に広がる裾野の広さに比例する。書くために費やした熱量、取材対象者と築き上げた関係性、人生を賭けて養ってきた技術や想像力。それらが下支えになって紡がれた文章だからこそ、人の心を揺さぶる迫力が宿るのだろう。

上原さんの本には失恋の時に支えてもらっただけでなく、文章の書き手としても読むたびに学ぶことが多い。そんな心強い存在が常に部屋の本棚にいてくれるだなんて、よく考えたらかなりすごいことではないかと思えてきた。

## こじらせ男子の当事者研究――失恋ホストの現場から

### 友人につけられた「勃起するフェミニスト」というあだ名

桃山商事の活動は大学時代にはじまった。最初はクラスメイト相手にやっていた遊び半分の活動だったが、「複数の男で女子のお悩みを聞く」というスタイルが予期せぬ評判を呼び、面識のない人からも依頼が来るようになった。そして次第にマジメなサークル活動に発展していき、これまで話を聞かせてもらった人数は1200人を超えた。

「失恋ホスト」とは、我々の活動を見たコピーライターの友人がつけてくれた名称だ。私はこの活動を続ける中で、モノの考え方や世界の見え方（とりわけ恋愛観やジェンダー観）が劇的に変化したような感覚がある。「男が女性の恋バナを聞く」なんていうと軽薄で怪しげな印象を持たれがちだが、私はこれを全男性にオススメしたいと、結構本

気で思っている。なぜなら自分自身、

（1）「話を聞く力」が身についた

（2）「男らしさの呪縛」が緩和した

という実感があるからだ。

恋愛相談は桃山商事のサイトやSNSで申し込みを受け付けている。相談者さんと会うのは2時間で、場所は池袋や渋谷の貸し会議室がメインになる。相談料などはかからないが、聞いた話は記事化する可能性があることを了承してもらった上で会っている。

基本的には誰でもウェルカムだが、実際に来るのはほとんどが女性だ（自分から話を聞いて欲しいとやってきた男性は全体の3％ほどだ）。相談者さんはバラエティに富んでいて、彼氏に肉体関係を拒まれて悩む高校生、東大生の彼氏に二股をかけられている大学生、ネット婚活に疲れ切ったアラサー女性、さらには独身と偽っていた既婚者の彼氏を法的手段に訴えたアラフォー女性や、夫のモラハラに苦しむ50代の主婦まで、年齢も事情も様々な女性たちがやって来る。平均すると週にひとり、メディアに掲載されるなどしてラッシュが来た時は、最多で週に5人と会うこともあった。

この活動が「こじらせ男子の当事者研究」とどう関係しているのか。これを語るためには、まず自分自身が〝こじらせ男子〟なのかについて考える必要がある。「こじらせ女子」という言葉が世に広まるきっかけを作ったライターの雨宮《あまみや》まみさんは、著書『女子をこじらせて』（2011年、ポット出版＊2015年、幻冬舎文庫）の中で「成長過程で自分のことを自然に『普通の女の子』だと思えなかった」と書いている。「こじらせ女子」とは、見た目の良し悪しや恋人の有無に関係なく、自分の〝女性性〟に違和感を持ち、それを扱いあぐねている人を指す言葉だと私は捉えている。言い換えると、「自分は女らしい女ではない」と考えている女性、というイメージになるだろうか。

これに照らして考えるならば、私も自分の〝男性性〟にずっと違和感を抱えながら生きてきた感覚がある。子供の頃からずっと体格が小柄で、性格もビビりで、母親からよく「男らしくない」と言われていた。また、1980年生まれで世代的には『ドラゴンボール』や『スラムダンク』が大流行した時代だったが、個人的にはかわいくてポップなものを好む傾向にあり、少年漫画にはあまりハマれなかった。むしろ好んで読んでいたのは少女マンガだった。

このように、基本的な性質としてはあまり男っぽいタイプではなかったように思う。しかしその一方で、中高6年間を男子校で過ごした影響で、思春期にいかにも典型的な

〝男らしさ〟を内面化してしまったような感覚もある。

特に私の通っていた男子校は水泳部がインターハイの常連で、野球部も甲子園出場経験があるなど、体育会系の校風が強いところだった。そこではチキンレース的なコミュニケーションが日々くり広げられ、クラスの中でいかにおもしろいことを言えるか、マクドナルドのハンバーガーを何個食べられるか、どれだけ過激ないたずらを仕掛けられるかなど、よくわからないことで競い合っていた。

私もそこに乗っからねばと必死で、家で少女マンガを読んでいることは隠していた。また、女子との接点がまったくないため、女性をナチュラルに〝モノ扱い〟する感性がすくすく育っていたように思う。みんなで卒業アルバムを持ち寄り、女子の写真を見ては点数をつけて盛り上がったり、クラスメイトから読み古したエロ本を回収し、学校のロッカーで管理して貸し出す係を務めたりしていた。とにかく女子は性の対象でしかなかった。そういう空気感の中で私は、「弱音を吐けない」「人の話を聞かない」「女子を外見でしか判断できない」というタイプの男子になっていった。

こうして振り返ってみると、「あまり男っぽくない土壌の上にいかにも典型的な男らしさを建てていった」というのが私の男性性にまつわる基本構造ではないかと考えられる。これにはいろいろ腑に落ちるところがあって、例えばエロ本の図書係をやっていたにもかかわらず、自分が射精することが気持ち悪く、中学3年生になるまで自慰行為ができなかった。また、サッカー部で相手選手とバチバチぶつかり合う一方、寝る前はさくらももこや吉田秋生《あきみ》のマンガに胸を躍らせるなど……男性性に対する違和感と過剰適応がごっちゃになっていたような感じがある。

この感覚は20代になっても消えなかった。桃山商事の活動で女子のお悩みを聞き、彼女たちを苦しめる男性のエピソードに心底怒りを覚える一方で、頭の中が「モテたい」「セックスしたい」という思いで支配された性欲まみれの自分もいたりして、なんだかよくわからない状態だった。身近な友人は、そんな私のことを「勃起するフェミニスト」と呼んだ。女性をモノ扱いしていた時点でフェミニストを名乗る資格はゼロだが……今思うと、私のこじれた男性性を評する的確なあだ名だったようにも思う。

## 過去の記憶が突然フラッシュバックする

失恋ホストに来る人たちは基本的に恋愛の悩みごとや、夫や彼氏との関係に問題を抱えた状態でやって来る。そこでは男性の生々しい部分をこれでもかというくらい聞くことになる。「そいつは最低な野郎だ！」と腹を立てることもあれば、「うわっ、自分も同じ穴のムジナかも」と耳の痛い思いをすることもあって、聞くのは結構つらい。

相談者のN子さん（23歳／精神科の看護師）は、6歳上の国家公務員と交際していた。つき合って5年。彼氏はN子さんのことを「かわいいかわいい」と溺愛し、ことあるごとに結婚の希望をチラつかせていたという。しかしN子さんはどうしても気が進まないと悩んでいた。「彼がなぜ私のことをそこまで好きなのか正直わからない」というのがその理由だった。

彼女は熱意を持って仕事に取り組んでいた。患者さんの認知や行動パターンを観察し、回復のための道筋を一緒に模索していくのが精神科看護師としての喜びだと語っていた。しかし彼氏に仕事の話をしてみても、「精神病っていつ治るの？」とまるで風邪や怪我のような捉え方をするばかりで、あまり関心を示そうとしない。N子さんはそういう彼氏に疑問を抱いていた。

これは結構笑えない事例だった。なぜなら、「女性の内面に対する解像度の低さ」というのは、自分を含め多くの男性に当てはまる傾向だったからだ。我々は失恋ホストとは別に、コラムやラジオのための取材で男性たちにインタビューする機会も多いのだが、女性を説明する語彙《ごい》の貧しさにしばしば愕然とする。外見や性的な部分に関してはかなり雄弁に語るのだが、性格やセンス、思想信条など、女性の内面に関する説明になると、途端に言葉があやふやになる。これは相手が妻や恋人であってもだ。

私にもかつて、「かわいいかわいい」とベタ惚れしていた恋人がいた。彼女は医療関係の仕事をしていて、交際4年目のある日、「練習中の検査の実験台になって欲しい」と頼まれ、初めて職場の病院を訪れた。同僚と談笑し、白衣に着替えて医療機器を手際よく操るその姿を見た時、これは本当に驚くべき感覚なのだが、私ははじめて「ああ、この人も仕事をしているんだな」と実感したのだ（！）。お、俺は4年間もつき合ってきて恋人の仕事に一度も関心を持ったことがなかったのか……。その感覚はとてもショッキングなものだった。そんな私にN子さんの彼氏を悪く言える資格はなかった。

このように、女性たちから恋バナを聞く中で、過去の恥ずかしい記憶が突如フラッシュバックする瞬間が多々ある。男性性に関する問題意識は、こういった経験を重ねながら醸成されていった感覚がある。桃山商事としての著書『生き抜くための恋愛相談』（2017年、イースト・プレス）を出版した時、社会学者の上野千鶴子さんがこんな応援コメントを寄せてくださった。

恋愛相談に来るのは女ばかり。女の目に映った男を通じて、男って何かの当事者研究が始まる。「オレって何?」を知りたい男にとっても必読の書。

上野先生のファンとしては身に余りすぎる光栄だが……恋愛相談や仲間たちとの語らいを通じ、〝鏡〟を覗きながら心身に染みついた癖や考え方を点検していく。地道でしんどい作業だが、これは男性性にまつわる当事者研究にとって不可欠なプロセスだと考えている。

## 男性のリアルな姿を直視させられる体験

相談者さんの語るエピソードから見えてくる男性像には様々な傾向や共通点があった。私はそれを、拙著『よかれと思ってやったのに』の中で20のジャンルに分類した。

・小さな面倒を押し付けてくる男たち
・何かと恋愛的な文脈で受け取る男たち
・決断を先延ばしにする男たち
・人の話を聞かない男たち
・謝らない男たち
・女性の身体について無理解な男たち
・仕事とプライベートで別人のようになってしまう男たち
・プライドに囚われる男たち
・イキるくせに行動が伴わない男たち
・男同士になるとキャラが変わる男たち
・すぐ不機嫌になる男たち
・何ごとも適当で大雑把な男たち
・付き合い始めると油断する男たち
・「ほうれんそう」が遅すぎる男たち
・上下関係に従順すぎる男たち

・話し合いができない男たち
・お金のつかい方が意味不明な男たち
・身体のことを考えていない男たち
・保守的で変化を嫌う男たち
・シングルタスクな男たち

すべての男性がこうだと言いたいわけではないが、女性たちから聞く恋バナにはこういった男性像が頻繁に登場する。もちろん女性にだってこのような性質を持っている人はいるだろうし、すべてがネガティブなものとも言い切れない。

しかし、私にとってこれは、鏡を突きつけられているような、強制的に我が身を振り返らされる体験だった。こう書くといかにもリベラルで優等生っぽい意見に聞こえるかもしれないが、そんな理性的なものではなく、もっと肌感覚に近い、何か美意識を問われているような感覚になるのだ。

## 染みついた男性性を洗い落とす

自分の中にこれまで述べてきたような要素が染みついているのは否定しがたい事実だ。そのうちいくつかは、この社会で生きていると自然に身についてしまうものかもしれないし、男社会に適応するために獲得せざるを得ないものだったかもしれない。しかし、いつまでもそんな自分でいいのかというと、それはちょっと嫌だなと、切に思うようになった。こういう美意識を働かせられるようになったのは桃山商事の活動から受けた恩恵のひとつかもしれない。『よかれと思ってやったのに』にも登場してくれたジェンダー研究者の前川直哉さんは、「清田さんにとって桃山商事の活動は、染みついた男性性を洗い落とすことにひと役買っているのではないか」と言ってくれた。特に30代になり、恋愛とジェンダーの問題をコラムやラジオでアウトプットするようになってからは、焦燥感や強迫観念が薄れ、ずいぶんと生きやすくなったような実感がある。

まず「女友達」という存在が飛躍的に増えた。これは女性を判断する基準がルックスとスタイルしかなく、恋愛もしくは性愛的な興味を持つことしかできなかった10代～20代の自分からするとかなりの変化だ。女友達に対しては意識的に性的な視線を向けないようにしている部分もなくはないが……彼女たちと少女マンガの話をしたり、かわいい服や雑貨を一緒に探しに行ったり、お茶をしながら愚痴をこぼし合ったりする関係は、元来の自分にフィットしている感覚があり、とても楽しい。

そして、失恋ホストでの対応にもかなりの変化があった。現在の我々は、相談者さんの話を「読解」するように聞いていくというスタイルを取っている。まずは経緯や関係性、考えていることや感じていることをひたすらしゃべってもらい、相手が言葉に詰まったら質問を投げかけて語りを促す。前半の1時間はそうやって机の上に素材を散りばめるイメージで進めていく。そして後半の1時間は、断片的な素材をじっくり眺め、それぞれにはどんな意味があり、どれとどれがつながり、何と何が反対のほうを向いているのか、相談者さんと一緒に議論を重ねていく。こうやって話を進めながら、こんがらがってひと塊になっていた悩みを解きほぐし、悩みの「核」となっている問題を探していく。そこから先は相談者さん自身で決めていかなくてはならない領域になるが、整理整頓の段階まで手伝うことができれば、我々としては最低限の役割は果たせたかなという気持ちになる。

しかし、かつての失恋ホストはこれとは異なるスタンスで行っていた。20代の頃は「元気づける」ことに主眼が置かれていて、まるで男子校のようなノリで、いかに相談者さんを盛り上げるかに心血を注いでいた。山へ行ったり遊園地に行ったり、楽しかったのは確かだが、うまくいかないことが多かったのも事実だ。というのも、このスタイルだと男同士の競い合いが発動してしまい、「俺が俺が」と我々ばかりしゃべる感じになってしまう。おもしろいことを言ってやろう、鋭い意見を言ってやろう、相手に影響を与えることを言ってやろう……となり、相談者さんが置いてけぼりになるシーンが少なくなかった。相談者さんからすると「話を聞いてもらっている」という感覚になるため、相談を受ける我々にはある種の〝権力〟が付与されるかたちになる。自分たちとしては「役立ちたい」「助けたい」という利他的なアドバイスのつもりでも、いつの間にか一方的な意見の押しつけになってしまっている危険がつきまとう。

相談者さんからすると、たとえ違和感を抱いても反論しづらい状況にある。それに気づかず調子に乗ってしゃべり続け、相手がイマイチ納得感を得られないまま終わるという失敗を何度もくり返してしまった。しかも内心では「すごいと思われたい」「自分の言う通りにさせたい」という気持ちが混ざっていた可能性も否定できない。立場を利用して権力がもたらす快楽を貪るというのは相談に乗る側としてあるまじき行為だし、そういう欲求と冷静に距離を取りながらでないと恋愛相談はうまくいかないような気がしている。

そもそも我々に盛り上げてもらうより、自分のモヤモヤを存分に吐露してもらったほうが相談者さんは確実に元気になる。なので、何か言いたい気持ちが湧いてしまった時は、「ちょっと待て／今はお前の／出番じゃない」という標語を心で唱えて自制している。こういったことに気づけたのも、この活動の成果のひとつかもしれない。

以上が私の考える「こじらせ男子の当事者研究」だ。このように、思春期から20代くらいにかけてどんどんこじれていった私の男性性は、桃山商事の活動を通じて少しずつ解きほぐされていった。以前よりも円滑にコミュニケーションが取れるようになったし、男性性がもたらす呪縛が緩和し、ずいぶん生きやすくなったように思う。

しかしそうなると、今度はジェンダーに理解のある優等生みたいな発言をして褒められようとしている自分が出てきたり、他の男性に対して「まだ男らしさで消耗してるの？」と優越感を抱こうとしている自分が見つかったりして……男性性とは本当に厄介で根深いものだと痛感するが、そういう問題についても注意深く観察し続けていけたらと思っている。

# 2

# 俺たちは全然客観的で中立的なんかじゃない

——男の幼稚さ

## 「気づかない男たち」——ハラスメント・スタディーズ

### 女子高生ブームと平凡な男子高生

1990年代後半、私は東京・池袋にある男子校に通う高校生だった。「コギャルブーム」と言われ、メディアで女子高生がもてはやされた時代だった。ガングロ、ルーズソックス、アルバローザ、ピッチ（PHS）——今となっては懐かしすぎる言葉だが、同世代の女子高生、特に都心の私立校に通うコギャルたちはとても華やかだったし、怖かった。

当時、イケてる高校生がモデルを務めた『東京ストリートニュース』(通称・ストニュー、1995年〜2002年、学研）という雑誌が流行っていて、まだ高校生だった妻夫木聡や押切もえなどが〝カリスマ高校生〟として名を馳せていた。自分の通う学校も「人気の男子校」として上位にランクインしており、秋の文化祭にはものすごい数の女子高生が押し寄せた。しかし、キャーキャー言われていたのはごく一部だけで、私のような平凡な男子高生の身にキラキラした出来事は何ひとつ起きなかった。

友達のつてで近隣の学校に通う女子と遊ぶ機会がときどきあったが、彼女たちはよくカラオケやマクドナルドをおごってくれた。「おじさんとカラオケ行くと5000円もらえる」「ルーズソックスを売ると3000円になる」など、いわゆる〝援助交際〟や〝ブルセラ〟のような行為をカジュアルなバイト感覚でやっていて、やけに羽振りが良かった。我々は同級生だったが完全に子供扱いされていた。今なら彼女たちの行動が身の危険と隣り合わせであったことがわかるし、お金を払っていた社会人男性にも、ひどい言葉を使えば「買春ロリコン野郎！」と軽蔑の気持ちしかないが……当時は彼女たちがうらやましかったし、社会人男性に対して敗北感のような気持ちを抱いていた。

メディアは女子高生に注目し、社会人男性は女子高生に高いお金を払い、女子高生たちはごく一部のイケてる男子高生にキャーキャー言っている。実際にはそうでない高校生が大半だったと思うが、当時の自分には世間の構図がそのように見えていた。そんな中で強く抱いたのが、「俺たち普通の男子高生って世の中から1ミリも興味を持たれていないんだな……」という思いだった。

桃山商事に恋バナをしに来る人のほとんどは異性愛者の女性だ。活動のメインは悩み相談なので、不倫や失恋、セフレや婚活の苦しみ、モラハラやセックスレスなど、どうしてもネガティブな話題が多くなる。そういった話を聞く中で、悩みの向こう側にいる男性たち(夫や彼氏など)にまつわる不満や疑問をたくさん耳にすることになる。拙著『よかれと思ってやったのに』では20のテーマについて各論的な考察を試みたが、ここでは総論的な視点から、すなわち、もし男性たちが似通ったハラスメント行為（＝迷惑な言動や加害性のある振る舞い）をしているとしたら、その背景にはどんな理由があるのかを考えてみたいと思う。

## 「俺はこうならないからわからない」

しかし、これを考えるにあたっては、ひとつ大きな問題が存在する。それは男性たちが結構な割合で「無自覚」という点だ。私も本を書いた際、男性たちから幅広い意見を集めるため、いろんな具体例を見てもらいながら感想を募ったのだが、いちばん多かったのが「俺はこうならないからわからない」という声だった。私の目から見て、一対一の時と集団の時で明らかにキャラが変わる知人ですら、そんな自分の傾向に無自覚だった。帯文を寄せてくれた社会学者の上野千鶴子さんも「ここに書いてあること、オレに関係ねぇ〜もん、って男に会ってみたい。その自己認識のなさもとっても『男らしい』ーっ！」と書いている。

次に多いのは「身につまされる」「お腹が痛い」「読むのがつらい」といった反省的な声だった。こちらはさすがに無自覚というわけではないが、ではなぜそういうことをしてしまうのかと問うてみても、理由や背景に関する具体的な言葉は出てこなかった。妻や恋人から怒られたり嫌がられたりしたことで自分の言動がよくないものだったと考え直し、反省はする。しかし、自分がなぜそれをしてしまったかについては語る言葉を持っていない。こういうタイプの男性もかたちを変えた無自覚と言っていいかもしれない(かく言う私も偉そうなことを言える立場にはないし、過去に様々な失敗をやらかしているためまったく他人事ではないのだが……)。

無自覚とは言い換えれば「言葉で捉えられていない」ということだ。そこにはなんらかの動機や理由があるはずなのに、言語化されないため「ないこと」になっている。それが無自覚の正体ではないだろうか。なぜ言語化されないのかと言うと改めて考えないからで、改めて考えないのは、問われたり注目されたりすることがないからではないか。

90年代末のコギャルブームの最中、男子高生だった私は世間からまったく興味を持たれていないことを痛感し、自分はあまり価値のない人間なのだろうという感覚を持った。世間とはメディアのことだけではない。広い意味で言えば「他者」から関心を向けられている感覚を持てなかった。自分が何を考え、何を感じ、どんなことを思いながら生きているのか（＝being）、誰も興味ないいんだろうな……というのが当時のリアルな感覚だった（桃山商事のメンバーである佐藤広報とは中高の同級生で、実際によくそんなことを話していた）。

内面には興味を持ってもらえなかった一方、結果や実績、役割や能力といったもの（＝doing）で人間を計られている感覚が強くあった。自ずと会話は「何をやったか」や「何を持っているか」といったアピールが中心になり、例えば中学の時サッカー部で都大会まで行ったとか、○○予備校の模試で何点取ったとか、これまで何人とつき合ったとか、あいつの彼女は芸能人の誰々に似ているらしいとか、出てくるのはそのような話題ばかりだった。

俺たちはいったい、何を話していたのだろうか。今となっては正確に思い出すことなど到底できないが、私は高校の時から20代後半になるくらいまで日記をつけていて、読み返すと「誰とどこに行って何をした」という行動記録ばかりで、気持ちにまつわることはほとんど書かれていない。感じたことや思ったことを言葉にする習慣はどのくらいあっただろうか。そういう話を友達としていただろうか。失恋したとか、ドラマや漫画に感動したとか、ときどきはそういう話もしていたように思うが、大半の時間は部活や受験、ファッションや芸能人のことなど、「自分の外側」のことばかり考えて（考えさせられて？）いたような気がする。

そんな中で、自他のbeingに関する観察眼や言語化能力が育たず、知らぬ間に「気づかない男たち」になってしまっていたのではないか。

おそらくコギャルブームは自分が世間から興味を持たれていないことを知覚するきっかけに過ぎず、実際にそういうことはもっと昔からあったと思う。そして、この「doingにしか興味を持たれないし、自分も他者のdoingにしか興味を持てない」という傾向は、多くの男性たちに共通するものではないかと私は感じている。

## あの時自分は、毎日悔しかったし悲しかった

ハラスメント行為（＝迷惑な言動や加害性のある振る舞い）をする男性の多くは無自覚であり、そこには「beingの部分を言語化できない」という背景がある。これまでの話をまとめると、こうなる。

「それは世間が興味を持ってくれなかったせいで、俺たちは悪くない」と言いたいわけではもちろんない。ただ、ハラスメントというのは受ける側はもちろん、無自覚にしでかしてしまう側にとってもネガティブな結果をもたらすことは間違いなく、それをどうにかするためには、男性たちの多くに見られる「beingに対する鈍感さ」の問題を考えないことにははじまらないのではないか……というのが私の考えだ。

高校生の時、私は有名人になりたいと思っていた。サッカーの試合で活躍し、まわりからすごいと思われたかった。自分にはお笑いのセンスがあると思っていて、芸人になればいずれ売れっ子になるんじゃないかと考えていた。ケンカなんて一度もしたことなかったけど、やれば強いんじゃないかとも思っていた。まわりの友達のことをちょっと見下していたし、初めてデートした女子のことをあまりかわいくないと感じていた。で

も成績は悪かったし、サッカー部ではレギュラーから落ちたし、恋愛なんてまるでうまくいかなかった。もちろん『ストニュー』から声がかかることもなかった。

あの時自分は、毎日悔しかったし悲しかったのだと思う。もっと俺を見てくれ、もっと俺を認めてくれという気持ちが渋滞していたのだと思う。それらを日記に書いたり、誰かに話したりしたことはない。ずいぶん自分に対するお見積もりが高いし、現実との落差も激しすぎて、思い出すだけで恥ずかしい。でもそういった気持ちを言葉にすることがなかったせいか、常にフラストレーションを溜めていて、それがしょーもない行動として立ち現れていた。学校の屋上の金網によじ登って友達と度胸比べをしたり、トイレの個室でうんこをしている人にバケツで水をかけたり、妹を手下のように扱ったり、初めてできた恋人に不機嫌な態度を取って泣かせたり、バイトの先輩とイキがってお酒を飲んだり……本当にしょーもない、何がしたいんだかさっぱりわからないようなチキンレースやハラスメント行為をくり返していた。存在証明のための切実な行動だったとも言えなくもないが、そんなことをしてないで、もっと友達と悔しさや悲しさや現実のままならなさについて語り合えれば良かったと、今になって思う。

そしてこういう問題は文学の得意分野でもある。私は大学まで本をろくに読んだことがなかったが、なぜか文学部に入り、本好きの友達にたくさんの名著を薦めてもらった。そこには自分が経験してきたようなことの何百倍も濃蜜な物語が満載で、めちゃくちゃに打ちのめされたし、beingにまつわる言葉が一気に流入してきて、少しずつ感情を言語化していく習慣が身についていった感覚がある。

それは決して即効性のあるものではないが、仕入れた言葉によって思考に方向性が与えられ、考えを深めたり突き詰めたりすることができるようになった。その結果、よくわからない感情のエネルギーに飲み込まれ、その発散を目指してよくわからない行動を取る……というサイクルが徐々に減っていったように思う。また、自分を打ちのめしてくれる言葉の数々に出会えたことも、感情の渦を相対化するきっかけになった。

私たちは感じることをやめることはできない。感じたことは最初、かたちも大きさも不明瞭な〝何か〟として身体の内部に発生する。それらの輪郭を捉え、取り扱えるものにする工程が言語化という作業なのだと思う。言葉が万能というわけでは決してないが、それでも気持ちにかたちを与える上で最も使いやすい道具は言葉だろうと思う（もちろん絵や歌やダンスなども道具のひとつだ）。

おしゃべりや読書によって言葉を仕入れ、感情を言語化していく。それを続けていくことでしか想像力や共感力は育っていかない。ハラスメントをしてしまう「気づかない男たち」に必要なのは、そういう極めて地味で地道なプロセスを延々くり返していくことではないだろうか。

## 俺たちは全然〝客観的〟で〝中立的〟なんかじゃない――セカンドレイプ

なんであんなことを言っちゃったんだろう……。過去の発言を思い出し、心臓がキューッとなる瞬間が多々ある。

私は学生時代、C子さんという女友達から「バイト先の先輩にいきなり背後から抱きつかれ、怖い思いをした」という相談を受けた。聞けば彼女はバイトの非番だった日、「うちでゲームをしよう」と誘われ、先輩の家に行った。そこで好きなゲームを一緒に楽しみ、のんびりと休日を満喫していた最中、先輩がいきなり背後から抱きついてきたという出来事だった。

ゲームという同じ趣味を持ち、先輩に仲間意識のようなものを抱いていたC子さんは、恐怖とショックのあまりその場をすぐに立ち去った。「これからバイトどうしよう」とも悩んでいた。それなのに、友人としてその話を聞いた私は、あろうことか「なんでひとり暮らしの男の部屋に行ったりしたんだよ」と言ってしまった。

私は桃山商事の活動を通じ、数多くの女性たちの失恋体験や恋愛相談に耳を傾けてきた。その中で「男性と女性では見えている景色がかなり異なっているのではないか」という思いを抱くようになり、ジェンダーをめぐる様々な言説に触れるようになった。そしてわかったのは、私が当時C子さんに言ってしまったセリフは、いわゆる「セカンドレイプ」と呼ばれる行為と同種のものだった、ということだ。

セカンドレイプとは、痴漢やセクハラ、性暴力など、性的な被害に遭ってしまった人が、世間やメディア、また周囲の人間などから受ける二次被害のことを指す。「勘違いでは？」「欲情を誘う格好をしていたのでは？」「よくあることだよ」「忘れたほうがいいよ」「なぜ犯人とふたりきりになったの？」など、ただでさえ被害で傷ついているところへ、あらぬ誤解や無神経な言葉、無理解や落ち度の指摘などによってさらなる追い打ちをかけられる。被害者に自責の念を植えつけてしまう、とても罪深い行為だ。

私がC子さんにしてしまったのは、認めるのはとても苦しいが、どう考えてもセカンドレイプだった。もちろん彼女を傷つけるつもりは毛頭なかったし、むしろ二度とこういう被害に遭って欲しくないという思いから言ったセリフですらあった。しかし、セカンドレイプをした人の多くは「悪意はなかった」と言う。傷つけていることに自覚がないケースがほとんどだ。

ではなぜ、私はあんなことを言ってしまったのか。心の内側を顕微鏡で覗いてみると、そこにはほの暗い感情の数々が見え隠れしていた。

実は私は彼女に秘かな思いを寄せていた。つまり、片想いの相手が自分以外の男性の家に遊びに行ったことに嫉妬していたのだ。それどころではない。「俺なら絶対に君を傷つけるようなことはしない」と主張したい気持ちもあったし、「なぜ俺に振り向いてくれないんだ！」という苛立ちもあった。「女って本当に男を見る目がないよな！」と責め立てたい気持ちもあったし、「自分および自分が認めた男以外の男性は大体クズ」という偏見意識も正直あった。

改めて考えてみると、そこにあったのは嫉妬、自己アピール、謎の被害者意識、ミソジニー（女性嫌悪）にミサンドリー（男性嫌悪）など……直視するのがつらいものばかりだ（知覚できていないレベルではもっと細かな感情が入り混じっていたと思う）。でも当時の自分にそのような自覚はなかったし、むしろ〝彼女のために〟、〝よかれと思って〟言ってるくらいの意識だった。

C子さんとはその後、何度か告白するもフラれてしまい、いろいろあって今は友人関係も途絶えてしまった。今さら彼女に謝ることはできないし、あの時どう思ったのかを確認することもできない。しかし、「なんでひとり暮らしの男の部屋に行ったりしたんだよ」という言葉の根底にあったのは利己的で自己防衛的な感情だったことは確実で、あの時私がすべきだったのは叱責やアドバイスではなく、いったん彼女の話を聴き切ることであったと、今になって強く思う。

作家・姫野カオルコさんの小説『彼女は頭が悪いから』（2018年、文藝春秋）には、2016年に東京大学の学生5人が起こした性暴力事件の際の、ネットを中心とする苛烈な被害者バッシングの模様が克明に描かれている。ジャーナリストの伊藤詩織さんが性暴力被害を顔出しで告発した際もセカンドレイプの嵐が吹き荒れた。痴漢やセクハラなどの事件が報道される時も、慰安婦問題がニュースになる時も、その手の言説がSNSやコメント欄であとを絶たない。

たとえそれがどれだけ論理的でもっともらしい言説であっても、被害者に追い打ちをかけるものはすべてセカンドレイプだし、それを行っていい資格など誰にもない。そこは持論を展開する場ではないし、感情を発散させる場でもない。でも、特に男性は無自覚にそういったことをやってしまいがちだ。

唐突に話が大きくなってしまって恐縮だが……俺たち男が、ジェンダーの絡む場面で何かモノを申したくなった時、それは自分の中の何かがおびやかされたり揺るがされたりしているときなのだと思う。そういう時に発した言葉は、自分では客観的で中立的な意見だと思っているかもしれないが、それはおそらく、防御反応によって発動した感情的なリアクションである可能性が極めて高い。

自分の内側を覗くのは怖いし、それを言葉にして取り出すのはとても面倒で大変だ。だから自分の外側にある現象について安全圏からコメントしているほうが楽だし気持ちがいい。でも、それがセカンドレイプやセカンドハラスメントの温床になっているとしたら……。そう考えると、ちょっとゾッとした気持ちになってはこないだろうか。

何かにモノを申したくなった時、それは心の内側を覗くチャンスなのかもしれない。

# ボクたちはいつ大人になれるのだろうか
## ——大根仁作品における「男の幼稚さ」について

**「男尊女卑」「外見至上主義」「ホモソーシャル」を基調とする『恋の渦』**

——では、これからどんな作品をつくりたいですか。

**大根**　うーん、そういうのもね、ないんですよ。僕は、特にやりたいことがないんです。

——そうなんですか……。

**大根**　はい。おもしろいものを観たい、作りたいとは思いますけど、なにか訴えたいことがあったり、どうしてもやりたいテーマがあったりするわけではない。なんというか、もらったオファーが自分の実力だと思っているんですよね。だから、それに全力で応えて、いい作品をつくるのが仕事なんです。

（『cakes』「大根仁・後編『女の子が好きだから、可愛く撮れるんです』」2013

年1月22日)

ウェブメディアのインタビューで、大根仁はこのような言葉を残している。これと同内容のことは他の媒体でも発言していた。ここでは大根作品が現代の恋愛をどう描いているか――とりわけ『恋の渦』(2013年)を中心に、恋愛要素が色濃い『モテキ』(2011年)や『奥田民生になりたいボーイと出会う男すべて狂わせるガール』(以下『民生ボーイと狂わせガール』、2017年)などにも触れながら論じていくわけだが、どれも原作をベースにした作品であり、そこに大根オリジナルの視点がどれほど反映されているかは読み取りづらい部分もある。

先の発言が示すように、単にオファーが来たから監督を務めただけかもしれないし、もしかしたら、自らの恋愛観や哲学を表現しているような作品を意図的に選んでいるのかもしれない。そこは正直わからないのだが、私にとってこの3つは共通するテーマを持った作品のように感じられた。その共通点とは、「男の幼稚さ」をめぐる問題だ。

それはどういうことか。まずは『恋の渦』を追いかけながら考えていきたい。本作は劇団ポツドール(主宰・三浦大輔)が2006年に上演した舞台作品を映像化したもので、

5人の男性と4人の女性が織りなす群像劇となっている。特徴的なのは登場人物たちのキャラクターで、雑誌で言う『メンズナックル』や『egg』的な、あるいは深夜のドン・キホーテにいそうな、いわゆる「DQN（ドキュン）」や「マイルドヤンキー」という言葉でカテゴライズされるタイプの人物たちだ。この作品はそれぞれのキャラクターや関係性が極めて重要なので、最初に簡単な人物紹介をしておく。

・**コウジ（27）**——オラオラ系のフリーターで、トモコと同棲中。出会い系のサクラのアルバイトをしている。
・**トモコ（28）**——ショップ店員。おおらかな性格だが、勘は鈍い。コウジからモラハラ気味の扱いを受けている。
・**ユウタ（27）**——コウジの遊び仲間。イケメンで、地元の友達であるタカシと同居している。実はカオリの元カレ。
・**タカシ（26）**——ユウタの家に居候している。チャラ男っぽい風貌だが小心者。カオリに告白し、一応オッケーをもらう。
・**カオリ（26）**——トモコの同僚。ユウタの元カノで、ナオキとはセフレになり、タカシからは告白されるというモテ女子。

**・ナオキ（23）**——コウジの弟。イケメンの大学生。器用に立ちまわるタイプで、サトミと同棲しつつカオリとも浮気している。

**・サトミ（21）**——ナオキの浮気を疑っている。ナオキからは「絶対に裏切らない彼女」だと思われているが……。

**・オサム（28）**——コウジやユウタと遊び仲間だが、イケてないポジション。小汚いアパートでひとり暮らしをしている。

**・ユウコ（26）**——ショップ店員仲間。面倒見がよくトモコからの信頼も厚いが、男たちから外見をバカにされる。

物語はコウジとトモコの暮らすワンルームマンションで行われる〝鍋パーティ〟のシーンからはじまる。これはオサムにユウコを紹介するために企画された飲み会なのだが、ここで本作の基本的なスタンスがあらかた提示される。

まずは人間関係の〝カースト〟で、ルックスと権力を基準に、男は「コウジ&ユウタ↓ナオキ↓タカシ↓オサム」、女は「カオリ↓サトミ↓トモコ↓ユウコ」というヒエラルキーになっていることがわかる。

　コウジとユウタは場の空気を支配する地位に君臨し、「イケメン&権力者の弟」という要素を持つナオキは年下ながら特権的なポジションを与えられている。タカシは典型的な〝キョロ充〟的位置づけで、「ユウタの同居人」という理由で場にいることは許されているものの、コウジからウザがられていて身分は低い。そしてオサムはモノマネや一発芸を強要されるポジションで、イジられキャラとして愛されている部分はあるものの、扱いとしては最下層だ。

　女性側のヒエラルキーはやや複雑で、トモコ・カオリ・ユウコは職場の同僚であり、女子会で愚痴をこぼし合うなど基本的にフラットな関係だ。そして彼女たちとサトミは初対面でそれほど接点はない。当人たちの中には明確なヒエラルキー意識があるわけではないのだが、チヤホヤされるカオリ、「ナオキの彼女」ということでアンタッチャブルになっているサトミ、コウジからこき使われるトモコ、露骨に〝ブス扱い〟を受けるユウコ……と、男たちからの扱われ方によって勝手に序列を与えられてしまっている。

　また、鍋パーティをするための集まりにもかかわらず、料理やお酒を用意するのは女子の役目になっていて、男たちはテレビゲームやじゃれ合いに興じるばかりで手伝うことすらしない。

冒頭のシーンにおけるこれらの描写によって、本作で描かれる人間関係が「男尊女卑」「外見至上主義」「ホモソーシャル」という価値観を基調としていることが読み取れるようになっている。そして以降もこれらを軸に、時にそこから逸脱しながら見せ場を作っていくのが『恋の渦』の基本構造と言える。

## 「男の幼稚さ」とはどういうものなのか

では、そうした価値観は、どのようにして「男の幼稚さ」と結びついているのか。それを示す男たちの象徴的な言動を以下に例示してみる。

・鍋パーティでサトミが浮いていたことに対し、コウジはトモコに「なぜ俺の弟の彼女に気を遣わないいんだ」「ああいう場合は女同士で会話するものだろ、日本人って」などとめちゃくちゃな理屈で説教をする。
・オサムは秘かにユウコと恋仲になり、出会ったその日に肉体関係を持ったものの、後日「すげえブス紹介しちゃって悪かったな」と謝ってきたユウタに対し、「マジ勘弁してよ」「ホントきつかったわ」などと返答してしまう。

・タカシはカオリにもてあそばれたことに気づかず、本当につき合っていると思い込み、ウザがって連絡を無視するカオリに何度も何度も電話をかけてしまう。

・浮気相手のカオリに「逆に彼女が浮気してたらどうするの」と聞かれ、ナオキは「それは絶対に許せない」「あいつ（サトミ）はそういうことしない女だから」と自信満々に言ってのける。

・カオリとよりを戻したいユウタは「（カオリとの関係を）タカシにちゃんと言う」と誓ったものの、いざタカシと向き合うとその話を切り出せず別の話題に終始してしまう。

何を幼稚と感じるかは人によって異なるだろうし、大人と子供を区別する基準も、この社会には差し当たって「年齢」という物差しくらいしかない。だから「男の幼稚さ」を厳密に定義することは難しいのだが、恋人を理不尽に恫喝したり、男友達の目を気にして好きな女性を外見で差別したり、不安に耐え切れずストーカーのように電話をかけ続けたりするのは、彼らが成人をとうに越えた大人であることを考えると、やはり幼稚な言動と思わざるを得ない。この他にも幼稚さを感じさせるシーンは枚挙にいとまがなく、甘える、油断する、見栄を張る、内弁慶、屁理屈、掃除をしない、話を聞かない、お金を返さない、目の前の現実から逃避する、できもしないことを言う、不機嫌を露わにする——などなど、様々な場面でくり返し描かれていくのが本作の特徴だ。

これらを〝低俗なDQNたちの生態〟と見ることは簡単だろう。しかし、ここまで挙げてきた諸要素を見て、自分にはまるで無関係だと思える男性がどれほどいるだろうか。先に挙げた「男尊女卑」「外見至上主義」「ホモソーシャル」というのは、ジェンダー研究の世界でずっと指摘されてきた男性の持つ典型的な価値観である。例えばホモソーシャルとは、アメリカのジェンダー研究者イヴ・セジウィックによって概念化された言葉で、「ミソジニー（女性蔑視）」と「ホモフォビア（同性愛嫌悪）」を基盤にした男同士の結びつき、および男たちによる社会の占有を意味する。男たちがユウコを〝ブス扱い〟して盛り上がるのはホモソーシャルの典型的な振る舞いだし、ここまで露骨なものでなくとも、似たような景色は日本中の至るところで見られるはずだ。

このように『恋の渦』は、DQNたちの恋愛模様をコミカルに描いた映画でありながら、それと同時に、「これは俺たちの姿でもあるぞ」と、すべての男性に鏡を突きつけているような作品でもあるのだ。

この構図は『モテキ』や『民生ボーイと狂わせガール』にも共通している。ドラマ版の1年後を描いた映画『モテキ』では、主人公・藤本幸世《ゆきよ》（森山未來）の前に松尾みゆき（長澤まさみ）と桝元るみ子（麻生久美子）というふたりの女性が現れる。男性としての自分になかなか自信を持てない幸世だが、1年前の失敗（ドラマ版で4人の女性からモテたものの、すべてうまくいかなかった）から得た教訓を生かそうと、持ち前の過剰な自己防衛や自己完結的なコミュニケーションを封印し、積極的に相手と関わろうとしていく。それが映画版の見どころではあるのだが、この中途半端な自信や勢いがまた新たな問題を生み出してしまう。

幸世は典型的なサブカル男子で、ある種の〝選民意識〟を持っている。それは（ヴィレッジヴァンガード的センスの）映画や音楽を「通ってきた人間／通ってきてない人間」に分け、前者には親近感を、後者には距離感を覚えるという感覚だ。幸世にとってみゆきは前者側の人間で、「ツイッターを通じた偶然の出会い」「思いがけない美女」「ガードがゆるめでエロい」「しかも巨乳」という、麻雀で言うところの〝数え役満〟のような存在となっていて、みゆきに対する神格化が止まらなくなってしまう。

それに対し、B'zや竹内まりやというメジャーな音楽を好むるみ子は、幸世にとって後者側の人間だ。彼女は幸世に好意を寄せ、一緒にカラオケで盛り上がり、幸世がみゆきに恋心を抱いていることを理解した上でひと晩を共にするまでの仲になるのだが、最後は幸世から「つーか、ハッキリ言って友達としても無理」「趣味とか聞く音楽とかも全然違うし」と酷い扱いを受け、ふたりの関係は終わる。さらに幸世は、みゆきの恋人であり、取材相手でもある山下ダイスケ（金子ノブアキ）に対する嫉妬心を扱いあぐね、勝手に塞ぎ込んだり、インタビュー中ダイスケに噛みついたり、しまいには仕事を放棄したりと、散々な姿を露わにしていく。

また『民生ボーイと狂わせガール』にしても、主人公のコーロキ（妻夫木聡）をはじめ、天海《あまみ》あかり（水原希子）にのめり込む男たちはみんな自分の勝手なフィルターであかりを解釈し、勝手なイメージを一方的に投影している。誰もあかりの内実を見つめようとはせず、勝手に嫉妬して勝手に暴走するという極めて〝ひとり相撲〟な狂い方をしていく。コーロキは幸世と近しい感覚を持ったキャラクターだが、サブカル男子である彼らの中にも、『恋の渦』で見てきたようなものと同類の幼稚さが多々見られるところに問題の普遍性が示唆《しさ》されているように感じる。

## 「大人になること」を迫られる瞬間

さてここまで、『恋の渦』、『モテキ』、『民生ボーイと狂わせガール』の3作品に見られる男の幼稚さについて眺めてきた。これらは象徴的なものに過ぎず、他にもまだまだ同種の事例が散見される。ここまでくり返し描かれていることから、大根が男性の「弱さ」「ダメさ」「情けなさ」といったものを意識的に扱っていることは確かだろう。ただし、大根はこれらをハッキリと批判的に描いているわけでも、啓蒙的に「改めよう」と説いているわけでもない。かといって「それが男なんだから仕方ない」と開き直っているわけでもない。男の幼稚さの存在をいったん認めた上で、「だけどやっぱり俺たちは大人にならなきゃいけないのかもしれない」と、訴えているように感じられるのだ。

これらの作品では、幼稚さを発露した男たちは必ずなんらかのツケを払わされることになる。『恋の渦』のコウジは、モラハラ的言動を散々くり返した挙げ句、最終的にトモコから見捨てられる。「実家の姉に子どもができた」と言ってしばらく家を空けていたトモコは、実は会社の先輩にあたる男性（おそらく本社の社員）と恋仲になり、その家に身を寄せていた。そして1週間後、深夜に突然その男性を連れてコウジと暮らすマンションに帰ってくる。スーツ姿の男性はいかにもパッとしないサラリーマンという風貌なのだが、恋仲になったトモコに彼氏がいたことを知り、コウジと話し合うためにやってきた。男性は「彼女の気持ちを聞いて、紳士的に話しましょうよ、今後のこと」と語りかける。これは、トモコの意思などひとつも尊重してこなかったコウジとはおよそ正反対の態度である。そして内弁慶のコウジは、この突如やってきたスーツ姿の社会人に萎縮し、あっさりと別れを了承する。もっとも、ふたりが帰ったあとに電話でトモコに「別れたくない」「俺は変わる」などと泣きついたことからもわかるように、コウジが紳士的な態度を取ったのは単なる見栄やプライドにすぎない。また、面と向かって〝他者〟と対峙《たいじ》した経験がほとんどないゆえに萎縮していた部分もあるだろう。いずれにせよ、ここでもコウジの幼稚さが露呈してしまったわけだが、最後、無事に話し合いが済み、「もっとウザいことになると思ってた」と安堵するトモコに対し、男性が投げかけた「ならないよ、大人なんだから」という言葉が極めて皮肉に響いた。

さらに、ユウタはカオリに復縁を拒まれ、ナオキはサトミの妊娠が発覚する。タカシは実家の母親が倒れ、オサムは「ユウコに酷いことを言ってしまった」と激しく後悔する。また、『モテキ』の幸世も恋敵であるダイスケを褒め称える原稿を書く必要に迫られ、『民生ボーイと狂わせガール』のコーロキたちもあかりをめぐる狂乱の果てに仕事や生活が崩壊してしまう。コウジに投げかけられた言葉が象徴するように、これらはみな、男たちにとって「大人になること」を迫られる瞬間である。しかし、そこで大根は男たちに手を差し伸べない。ただただ彼らの姿を描写するのみである。

未熟で幼稚な自分自身を省みて変化を試みようとする者もいれば、現実と向き合うことから逃げ、変われないままの者もいる。また、一度は変わろうとするものの、再び元の自分に戻ってしまった者もいる。そこは人それぞれなのだが、「最終的には自分自身で考えるしかない」というのが大根仁のスタンスなのだろう。批判や啓蒙というのは、言わば「外部から正解を提供する」という行為であり、ある意味で相手を信じていない。それに対し、大根のスタンスは「正解は自分の内側にある」というものであり、基本的に相手を信じている。これこそが、大根作品の魅力ではないだろうか。

私もひとりの男性として様々なシーンに胸を痛めたし、女性たちの失恋体験を取材する中で見聞きしてきた彼氏やセフレのしょーもない言動の数々とも重なる部分が多々あった。我々は恋人の前で不機嫌になってしまうし、ルックスが好みというだけで勝手に女性を神格化してしまう。好きな女性に男の影を感じ、不安や嫉妬に駆られておかしな行動を取ってしまうこともあるし、女性同士で盛り上がっている姿に恐怖と嫌悪感を覚えることもある。男同士で女性のことをバカにして盛り上がったり、女性が寄せてくれた好意を「重い」と感じて逃げてしまったりもする。コウジのことは幼稚なDQNだと思うけど、実際に彼を目の前にしたらビビって反射的に媚びを売ってしまうかもしれない。幸世はおそらく、みゆきが〝ちょうどいい塩梅《あんばい》〟のサブカル好き——話は通じるが、かといって自分より詳しいわけではないレベルの女性だったからこそ好きになったのだと思われるが、そのみみっちい魂胆を決して笑うことはできない。

おそらく大根自身も〝当事者性〟を持って男の幼稚さを扱っている。描き方に批判的・啓蒙的なニュアンスが宿っていないのはそのためだろう。男の幼稚さがダメなものであることはわかる。けれど、それらは時に驚異的な行動力や突拍子もない妄想を生み出すこともわかる。幼稚さは〝おもしろさ〟の源泉にもなり、それゆえ失いたくないものでもあるのだが……けれどもやはり相手は人間だし、時間は有限だし、いつまでも変わらないでいることはできない。だからその時が訪れたら覚悟を持って大人になるしかない——と、大根作品は我々に訴えかけているような気がしてならないのだ。

## 『ラブライブ！サンシャイン!!』のPRイラスト論争。批判の声に怒っているのは誰なのか

### 「過度に性的な表現」という批判を受けた広告たち

2020年の2月、アニメ『ラブライブ！サンシャイン!!』の主人公・高海千歌《たかみちか》を起用したJAなんすん（南駿農業協同組合）のPRイラストがツイッターで炎上騒ぎとなった。これは静岡県沼津市の特産品である「西浦みかん」の広告で、この地を舞台にしている『ラブライブ！サンシャイン!!』とのコラボレーション企画の一環として制作されたものだ。

批判を集めているポイントは、描かれているキャラクターのスカートがとても短く、また影のような線で股のVラインが浮き出るように強調されている点だ。スカートが透けているようにも見えるし、風で股間にピタッと張りついているようにも見えるし、太

もものつけ根で挟み込んでいるようにも見える。こういった描写が、広告内容と無関係な「過度に性的な表現」ではないかというのが批判している側の論旨だ。

内容が「性差別的だ」と批判を受け、企業や公的な機関の広告がツイッターで炎上する事態はこれまでもたびたび起こっている。記憶に新しいところで言えば、2019年の秋に日本赤十字社が漫画『宇崎ちゃんは遊びたい！』を献血ポスターに起用し、乳房が強調されたキービジュアルに同様の批判が集まった。また過去には、海女《あま》をモチーフにした三重県志摩市のPRキャラクター「碧志摩《あおしま》メグ」や、東京メトロのイメージキャラクター「駅乃みちか」なども話題になった。

これらが炎上騒ぎになったのは、批判の声が多かったからだけではない。批判に対する異論や反論も同等かそれ以上の規模で巻き起こり、反対派VS擁護派の様相を呈した大論争が毎度ツイッターを中心にくり広げられている。

『ラブライブ！サンシャイン!!』の件で言えば、「過度に性的な表現」という批判に対しては「パンツが透けてると見るほうがおかしい」「単なるスカートのシワに性的視線を向けるな」などの声があり、また「線の描き方が不自然」という指摘に対しては、「体勢によってはこう見えることもある」と実証まで試みる人もいれば、「原作からしてこう描かれているから問題ない」という趣旨の声も多い。

もっと過激なものになると、「単なる言いがかり」「クソフェミの妄想」「作家や表現の自由に対する冒瀆」「毎度のオタク叩き」「気に入らないものをつぶしたいだけのクレーマー」「どうせお前らみかん買ってないだろ」「むしろJAなんすんへの風評被害」といった旨の声もある。これは他の炎上騒ぎにも共通した構図だ。

これらの論争には様々な論点が含まれており、ツイッター上でくり広げられるすべての議論を追いかけるのは至難の業だ。しかし問題の根本に立ち返ると、自治体や地下鉄や公的な団体など、公共性が高い広告物になぜ性的なニュアンスを多分に含む表現を用いるのか、という問いがある。たとえ同じ表現を用いた広告だったとしても、それが特定のターゲットに向けた商品で、場所やメディアを限定したものであればこういった批判は起こらない。

## 論理的で理知的な〝男性〟のあるべき姿とは

そこを出発点とすると、擁護派（批判に対して反論している側）がいったい何に対して怒っていたのか、考えれば考えるほどよくわからなくなってくる。ツイッターのアカウントだけでは究極的にはわからないが、擁護派のほとんどはおそらく男性だと思われる（という私の独断と偏見でここからの話を進めます）。その中には作品のファンもたくさん含まれているだろうし、広くアニメファン、あるいはフェミニズムに対して反感を抱いている男性も含まれているかもしれない。

そういった男性たちが反対派（こちらは主に女性だろう）の声に対し、異論や反論を述べたり、引用リツイートで嘲笑してみせたり、より直接的にリプを飛ばして議論や罵倒を投げかけたりしている景色が散見される。その中には「男性＝論理的／女性＝感情的」という旧来的な思い込みで、女性からの批判を「ヒステリック」と揶揄《やゆ》する声がいまだにある。

しかし、そんな〝男性〟たちのモットーとされる論理的かつフラットな視点で考えてみると、反対派が批判の対象としているのはファン当人でも作品そのものでもなく、「なぜ公共性の高い広告にこういった表現を用いたのか？」という部分、すなわち広告主や制作サイドに対してであることがすぐにわかるはずだ。

となると、批判をどう受け止め、それにどう応答するかは広告主と制作サイドの問題ということになる。批判の対象を広げたとしても、公共の場における広告物を監督する立場にある自治体や業界団体などがせいぜいだろう。このことは、冷静で理知的で、感情よりも立場や役割を重んじるはずの〝男性〟であれば誰にだってわかることだ。

ではなぜ、批判の対象になっているわけでもない〝男性〟たちが、時に怒気混じりで異論や反論の声を上げているのだろうか。〝男性〟たちが最も得意とするところであるはずのロジカルシンキングに則って考えるならば、表現擁護の声は反対派ではなく広告主や制作サイドに向けて発せられるべき、ということが導き出される。

今の時代、客観的で中立や対等を重んじるジェンダーであるはずの〝男性〟であるならば、「男女平等」や「女性蔑視をなくそう」というテーゼに異を唱える者はいるはずもないわけで、だとするとなおさら、批判の声を上げている女性に対して感情的なバッシングを浴びせている〝男性〟たちの存在が理解できない。

仮にアニメファンや作品自体を攻撃するような声があったとしても、道徳的かつセルフコントロールに長《た》けた〝男性〟であるならば感情を荒げることなく、「それは批判ではなく差別ですよ」と理性的な対応を取るはずだ。

社会性に富み、コストとベネフィットのバランスに敏感な〝男性〟が献血をするのはあくまで利他の精神からなはずだし、商品を購入するのもあくまで品質に惹かれたからで、強調された胸やスカートに浮き出たVラインが主たる購買動機であるはずがない。

そう考えると、義に厚く、何事もルールとエビデンスを重視するはずの〝男性〟であるならば、「確かに我々に対しては訴求力のある広告になっていたし、これからも応援し続けるが、不快に感じる人の存在や、人権的な観点から見た問題点が存在するならば、それをクリアしたかたちでの存続を望みます」などと応援の声や具体的な解決案を広告主や制作サイドに対して送るに違いない。それこそが感情や脊髄反射といったものからクールに距離を取り、すべてを俯瞰《ふかん》した上で最適なバランスを探り、課題やトラブルを平和的かつクリエイティブに乗り越えていく〝男性〟のあるべき姿ではないだろうか。

今回、擁護派の一部には「迫害された」「表現の自由を脅かされた」という言葉を使っている人もいたが、迫害というのは基本的に「多数派から少数派への抑圧や排除」に対して用いられる言葉であって、公共性の高い広告に採用されている時点でその作品およびファンはマジョリティ側に立っていることを理知的な〝男性〟であれば理解していないわけがないし、表現の自由とは国民の権利であり、それが日本国憲法第21条で保障されているのは国家権力から守るためであって、少数派からのクレームによって脅かされるものでは決してないということは、物事を理に沿って考える〝男性〟ならみんなわかっているはずだ。

このように、固定観念を押しつけられることは男女問わず息苦しい。嫌悪感や抵抗感を覚えるのは当然だし、せめて異議申し立てくらいさせてくれよって話だと思う。放置すれば固定観念は延々と再生産され、いつまでも居座り続けることになる。そうやって「常識」や「普通」といったポジションに君臨しているのがジェンダーロールというものではないだろうか。

もちろん作品やキャラ自体になんの罪もない。しかし、これらが広告のモチーフとして用いられた背景には、「男は巨乳とか美少女とか出しとけば釣れるだろう」という制作側の意図が間違いなく関係している。これもまた固定観念の押しつけで、男をバカにしている。なのに俺たちは、すっかり飼い慣らされてしまって疑問すら抱かなくなっている。本当にこのままでいいのだろうか。

「クソフェミの妄想ｗｗｗ」「スカート透けてるなんて感じるほうがエロくね？」「風の強さや体勢次第では股間の線が浮き出ることもあります（キリッ）」などと屁理屈をこねている場合ではない。戦うべき相手はもっと大きなものであるはずなのだ。

# 女子小学生にまで求められる〝男ウケ〟のモテ技。俺たちはなぜ「さしすせそ」で気持ち良くなってしまうのか

### ジェンダーの呪縛になりかねないという批判

以前、ツイッターで『おしゃカワ！ビューティー大じてん』（2018年、成美堂出版）という本が話題になった。きっかけはある女性アカウントのつぶやきで、本の表紙や内容を写した4枚の画像と共に「今のJS（※女子小学生の略）ガール達こんなの読んでるなんておばさん驚いちゃったよ。。（原文ママ）」とつぶやき、14万を超える「いいね」を集めた。

この本自体は2018年8月に発売されたもので、主に小学生の女子に向けてファッションやヘアアレンジ、メイクにスキンケアなどのノウハウを提供する、タイトル通り〝美容の入門書〟といった趣の内容だ。これが2年の時を経てこんなにも注目されたのは、

その内容が小学生の女子たちにモテや外見至上主義の呪いを植えつけたり、ステレオタイプなジェンダー観を再生産したりしかねないという批判を集めたからだ。

この本の目次には、「女子力上げ♡ヘアレシピ」「スペシャルな1日に♡メイクの魔法♪」「男子の視線が集中⁉モテ女子のすべて」など、大人向けの女性誌と見紛うような見出しが並んでいた。「美ボディーをゲット！」「さわりたくなる！スベスベ肌のヒケツ♡」というお題目と共に小学生にダイエットやムダ毛の処理を推奨したり、「好かれ女子入門」と称して「身だしなみ」や「ふるまい」、「訪問や食事」のルール＆マナーを課したりする内容には確かに恐ろしさを感じる。ジェンダーの呪縛になりかねないという批判の声にも賛同しかない。

もちろんこの本で美容やメイクに目覚める読者もいるはずだし、こういった知識が役立つ瞬間もあるのだとは思う。そういう部分は否定したくないが、ノウハウの一部が〝男子からモテるため〟のものとして提示されている点には引っかかりを感じる。

発端となったツイートに上げられていた画像でも、「カレとのデートはナミダぶくろメイクがカギ」のページや、モテ女子になるための「さしすせそ」「オウム返し」といったテクニックのページがチョイスされていた。ツイートした当人がこれらをどういうつもりで上げたのかは判断できないが、批判の多くもこの点を問題視していた。

このような、ある種の〝男ウケ〟を意識して作られたコンテンツが話題になるのはSNSでたびたび見かける光景だ。批判の声が上がり、それらに対して「実際こういう女子を好きな男は多い」「好きでやってる女子もいる」といった擁護論がわき起こる。攻撃的なものになると「嫌なら見なければいいのでは?」「モテないフェミの言いがかりwww」のようなコメントもある。

冷笑や罵倒は論外だが、男女含めて意見が飛び交い、議論が深まること自体はとても有意義だと思う。しかし、こうした論争でいつも不問のままになっている問題が存在する。根幹や中核に位置するものであるはずなのに、そこだけ奇妙なほど放置され、なぜかデフォルトのように自明視されている問題、それは「なぜ男たちはそういった女性を好むのか」という部分だ。

## 「男の子はホメられるのが好き!」

「モテ女子のすべて」の章には様々なテクニックが紹介されている。男子の長所を褒めよう、ハンカチやティッシュを持ち歩こう、目が合ったら微笑もう、笑う時は手で口元を隠そう、上目使いで話そう、男の子の髪や服にゴミがついていたら取ってあげよう――。あまりに手取り足取りすぎるが、これらは特別珍しいものではなく、いろんなメディアで紹介されているノウハウだろう。

こういったものが〝男ウケ〟のテクニックとして世間に流通しているのは、実際にそれを好む男性が多いからだ。

「さしすせそ」のページには、「男の子はホメられるのが好き！　会話にこまったら思い出せるように、まほうのコトバ、『さしすせそ』を覚えておいてね♡　心からホメることが大切だよ！」というリード文と共にこのような具体例が紹介されている。

【さ】さすが！

例：「勉強してないけどテストできたわ」「さすが○○くんだね！」

あまりに出会ったばかりの男の子だと、オレの何を知っててさすがなの？　と思われちゃうから様子を見てね！

【し】知らなかった！

例：「この小学校、オバケ出るんだって」「知らなかったー！」

知っていることなら、無理して知らないふりをせずに「くわしく知りたいー！」と言ってもOK♡

**【す】すごい！**

例：「オレ、3センチも身長のびてた」「すごーい！」

会話の中で、ちょっとでも男の子をホメられそうなときには、すかさず言ってね！

**【せ】センスいい！**

例：「○○くんの読んでるマンガってセンスいいね」

男の子の持ち物が新しくなったときなど、だれよりも先に気づいて言ってあげて♡

**【そ】そうなんだ**

例：「うんうん、そうなんだ！　すごいね」

話を聞きながら合間に「そうなんだ！」と言うと、しっかり聞いているのが伝わって、男の子が話しやすいよ！

……いかがだろうか。ツイッター上には「これは男女共に使える社交のテクニックであり、女性蔑視には当たらない」といった主旨の反論をつぶやいている男性もいたが、的外れな言いがかりでしかない。問題の根幹はもっと奥底にある「男性はなぜ『さしすせそ』をされると気持ちよくなるのか」という部分だ。

男子とは褒められるのが好きで、おだてられると気持ち良くなり、女子に何かを自慢したり教えたりしたい生き物である。だから女子は率先してその意図をくみ取り、さり気なくその欲を満たしてあげましょう——。ここで提示されているのはそのようなメッセージだ。これはいわゆる〝感情労働〟に近い。桃山商事の女性メンバーであるワッコはこういった行為を「ぬきぬき」と呼んでいるが、こんなものを期待される側はたまったもんじゃないだろうし、ましてや小学生のうちから「それが女子の役割です」なんてことを教えられるなんて、まさにジェンダーの呪縛でしかない。女性たちから批判の声が上がるのも当然だ。

ではなぜ、俺たち男は「ぬきぬき」されると気持ちよくなってしまうのだろうか。小学生向けの本に「男の子はホメられるのが好き！」と無邪気に書かれてしまうほどそれが自明のものとして扱われているのは、どうしてなのだろうか。

## 女性たちが膨大な経験則から導き出した最適解

もちろん、人から認めてもらえるのは基本的にポジティブなことだろう。センスを褒められたり、すごいねって言われたり、話をじっくり聞いてもらえたりすることは、確かに嬉しい。そこに男女差はないような気もする。しかし、「さしすせそ」は大概〝女性向け〟のテクニックとして紹介されるし、コミュニケーションで細かな気遣いを求められたり、人間関係においてケア役割を期待されたりするのは女性側であることがほとんどだ。この差は何に由来するものなのか。

先の会話例を元に、女子がこのテクニックを使わなかった場合の展開を想像してみる。「勉強してないけどテストできたわ」と言ってきた男子は、おそらく自分のポテンシャルを自慢しようとしている。実際に何点だったかはわからないが、「勉強しないでもそこそこの点が取れた」「本気出せばもっといい点が取れる」というメッセージを含むこの言葉は、アピールにもエクスキューズにもマウンティングにもなる便利なセリフだ。

しかし理屈だけで考えれば、「さすが○○くんだね！」という返答よりも、「今回はたまたまいい点が取れただけ」「のちのち苦労するかもしれない」「だったらちゃんと勉強すればよかったのでは？」といった返し方のほうがよっぽど理にかなっている。もしも女子側がそんなふうに返したら、男子はどうなるだろうか。

おそらく想定外の反応に驚くはずだ。あらかじめ女子側からの「さしすせそ」的リアクションを期待していただろうから、それが裏切られたと感じる可能性も大いにある。その結果ムッとして不機嫌を露わにするかもしれないし、「意味わかんねえし！」「そういうお前は何点だったんだよ！」と言い返してくるかもしれない。もっとひどいケースになると「うるせえブス！」などと理不尽な攻撃を仕掛けてくる展開も容易に想像できる。そういう意味で、「さすが○○くんだね！」は男子をいい気分にさせ、女子的にも面倒なことを回避できるという、一挙両得な100点満点の回答なのかもしれない。でも、はたしてそれでいいのだろうか。

思うに「さしすせそ」とは、古今東西の女性たちが膨大な経験則から導き出した最適解ではないか。そこにあるのはおそらく、男子を喜ばせるためという積極的な動機ではなく、「こう言えば男たちは扱いやすいよ」あるいは「こう言ってあげないと不機嫌になるから面倒くさいよ」という消極的な動機だ。昔から論争のタネになる「飲み会でサラダを取り分ける」なども含め、世間で〝男ウケ〟するとされているテクニックのほとんどはこうして編み出されたものだと思えて仕方ない。

## 自尊感情を自給自足することができない

人から褒められて嬉しいことに男女差はないはずなのに、「男の子は褒められるのが好き！」だけが自明のものとして扱われているのはなぜなのか――。これまでの話を総合すると、その理由は端的に言って「男のほうが幼稚だから」ということになる。つまり「男の子はホメられるのが好き！」というより「男の子は褒められないと機嫌を損ねる！」のほうが実態に近い。それが面倒くさいがためにこの構造が温存され続けているにすぎない。

ではなぜ、男は褒められないと機嫌を損ねてしまうのか。これはもう、さすがに俺たち自身が考えるしかない問題だろう。いくら女性たちが褒めてくれ、気を遣ってくれ、サラダを取り分けてくれたとしても、その説明まで求めるのはあり得ない話だ。自分の内面は自分で言語化していくしかない。

この問題を考える上で個人的に大きなヒントになったのは、桃山商事のメンバーである佐藤広報の話だ。彼は「男の子は褒められるのが好き！」を地で行くタイプで、「人からすごいって言われたい」という思いがすべての行動の原動力になっていることを自認している。30代になって趣味でトライアスロンをはじめたのだが、SNSでたくさん「いいね」をもらうため、どんどんトレーニングにのめり込んで最終的にアマチュア選手の日本代表として海外のレースに出場するまでになってしまった。また仕事でも、3度の転職を経て誰もが知る有名企業に入社したのだが、ステップアップのモチベーションになっていたのも人から褒められたいという気持ちだったそうだ。

いわゆる「承認欲求」というものなのかもしれないが、彼の話を聞いていると、そのようなシンプルな言葉では説明できない複雑な感情が見えてくる。曰く、人から「すごい」って言われたり、SNSでたくさん「いいね」をもらえたりすると、「自分は大丈夫だ」「ここにいてもいいんだ」という気持ちになれて、安心感を得られるのだという。裏を返せば、自分の中に漠然とした不安やうっすらとした恐怖が常駐しており、自尊感情を自給自足することができない。それで他者からの承認や賞賛を必要としているのではないかと自己分析していた。

## 自分で自分のことがわからない男たち

これは自分にとっても身に覚えのある感情だ。私の中には「自分は中身のない人間なのではないか」という感覚が10代の頃から染みついていて、誰に対してもうっすらとした「見捨てられ不安」のようなものを抱いてしまう。なので、自分の話に相手が笑ってくれたり、SNSのつぶやきに肯定的な反応をもらえたりすると、安堵の気持ちが湧いてくる。逆に言えば、いいリアクションをもらえないとすぐにネガティブな感情が押し寄せてくる。不安や恐怖がすぐ隣にいるような感覚が正直ある。『男性は何をどう悩むのか——男性専用相談窓口から見る心理と支援』（濱田智崇・『男』悩みのホットライン編、2018年、ミネルヴァ書房）という本にもこのような記述があった。

「優越志向」とは裏を返せば、自分が劣った存在、弱い存在であるとは認めたくないということです。「優越志向」の裏には、本人は意識できていないことも多いのですが、常に「不安感」が存在しています。自分が何か相手から脅かされるのではないかといった不安を払拭するために、相手よりも上に立つことを目指すと考えられます。意識してしまうと苦痛や不快感を生じることを、本人も十分に自覚しないまま、意識しないで済むように処理してしまう、精神分析の言葉で言うところの「自我防衛」が働いて、不安感を処理しているのです。

ここで言う「優越志向」とはジェンダー学の世界で男性性の特徴とされている傾向だが、その裏にはやはり不安や恐怖が存在しているのかもしれない。問題なのはそれに無自覚なこと。つまり男たちは、自分で自分のことがわからないのだ。

それが不安や恐怖の源泉となっており、他者からの承認や賞賛がないとすぐに足元がぐらついてしまう。そしてそのケアを女性に求め、それが「さしすせそ」をはじめとする〝男ウケ〟のモテ技というかたちを取り、小学生の女子にまで押しつけられようとしている――。もしそうだとするならば、『おしゃカワ！ビューティー大じてん』がいっそうグロテスクなものに見えてくる。ただし、そのグロテスクさを作り出しているのはこの本自体ではなく、そういう価値観を生んでいる男性の幼稚さや無自覚さにあるはずだ。そこから脱却する鍵は、「さしすせそ」で気持ち良くなってしまう我々自身の中にある。

# 世界で進む「性的同意」の議論。俺たち男はその意味を理解できているのか

## 「性的同意年齢13歳」が意味するもの

2020年5月13日、韓国で性行為への同意能力があると見なす「性的同意年齢」を13歳から16歳に引き上げたというニュースが報じられた。「根本的なレベルで若者を性犯罪から守るため」という司法省の表明も掲載されていたが、性的同意年齢の引き上げは世界的な潮流であり、韓国の決断は間違いなくポジティブなもののはずだ。

ところがツイッターやネットニュースのコメント欄では、韓国を嘲笑するような声が相次いだ。「なんだコリア!!」「13歳!? やっぱり韓国っておかしかったんですね」「さすがの男尊女卑国家」「今さらかよ女性蔑視社会」など……ネットでよく見かける嫌韓コメントの一種なのかもしれないが、論理的な批判の体《てい》すらなしていない冷笑や罵倒の

数々には絶望しかない。そして、これに輪をかけて絶望的なのが、その多くが「日本はいまだに13歳」という事実を知らないままコメントを書いていた点だ。

性的同意年齢13歳――。これの意味するところは何か。性犯罪に関わる刑法の条文にはこのような内容が記載されている。

第176条（強制わいせつ） 13歳以上の者に対し、暴行又は脅迫を用いてわいせつな行為をした者は、6月以上10年以下の懲役に処する。13歳未満の者に対し、わいせつな行為をした者も、同様とする。

第177条（強制性交等） 13歳以上の者に対し、暴行又は脅迫を用いて性交、肛門性交又は口腔性交（以下「性交等」という。）をした者は、強制性交等の罪とし、5年以上の有期懲役に処する。13歳未満の者に対し、性交等をした者も、同様とする。

このように、刑法では13歳がひとつの基準になっていて、それ以上になると「暴行又は脅迫を用いて」という必要条件がつく。平たく言えば、これは「13歳以上であれば自分で同意の判断ができると見なしますよ」ということだ。13歳未満は自分で判断することができないので、性行為をした場合も、性行為を持ちかけた場合も、問答無用で罪となる。しかし13歳以上は判断能力があると見なされ、するもしないも自分の責任でという話になってくる。

その性行為が罪になるのは、「暴行又は脅迫を用いて」ということが立証された場合、あるいは続く第178条（準強制わいせつ及び準強制性交等）に定められた「人の心神喪失若《も》しくは抗拒不能に乗じ、又は心神を喪失させ、若しくは抗拒不能にさせて」ということが証明できた場合のみとなる。性暴力関連の資料を読むと、これに関して昔から様々な異議が投げかけられてきたことがうかがい知れる。

## 暴行や脅迫、抗拒不能を立証できないと「同意」とみなされる地獄

現行の刑法が制定されたのは1907年、明治40年のことだ。刑法の条文はこれまで何度も改正を重ねてきたが、性犯罪に関わる部分に関してはずっと手つかずのままだった。それが2017年の6月、制定以来110年ぶりに改正されることになった。背景には性暴力被害の当事者や支援者の粘り強い呼びかけがあった。

これにより、性犯罪の厳罰化が進んだ。懲役の下限が「3年」から「5年」に延びたり、それまで親告罪（＝被害者の告訴がなければ加害者を起訴することができない）だったのが「非親告罪」となったり、女子に限定されていた被害者の性別が問われなくなったり、処罰対象となる行為が「性交、肛門性交又は口腔性交（＝アナルやオーラルも含む）」に拡大されたりと、被害者が救済される方向へシフトした部分もいろいろある。

しかし、「13歳となっている性的同意年齢を引き上げるべきではないか」という意見や、「暴行や強迫があったことや〝心神喪失若しくは抗拒不能〟であったことを立証できない限り罪に問えない」という構造的な問題は、改正案の検討項目に入っていたものの、法務省や国会での議論の末に見送られている。

これだと、13歳の女子が大人の男性に迫られ、同意のないままセックスをしてしまったとしても、暴行や脅迫の存在や、最後まで激しく抵抗した事実を自ら立証できない限り、相手男性を罪には問えないことになる。これには「淫行条例で裁かれるのでは？」という意見もあるだろうが、それは的外れな指摘だ。性暴力関連の取材を精力的に続けているライターの小川たまかさんは、『Yahoo！ニュース 個人』の記事「日本の性的同意年齢は13歳 『淫行条例があるからいい』ではない理由」（2018年3月28日）の中でこう述べている。

一方、淫行条例（もしくは児童福祉法）で裁かれるのは、「18歳未満との性行為」だ。加害側にしてみれば、刑法の強制性交等罪（旧・強姦罪）であっても淫行条例違反であっても「性行為が裁かれる」ことに変わりはないかもしれないが、被害者にとってはそうではない。

（中略）それは、「18歳未満との性行為」が裁かれただけであり、「強姦」ではない。被害者にとって「暴行・脅迫」を証明できなかった場合は淫行条例違反でしか裁かれないことになり、その場合、自分が「同意の性交をした」ことになってしまう。

また、淫行条例違反の罰則は、ほとんどの都道府県が「2年以下の懲役または100万円以下の罰金」もしくは「1年以下の懲役または50万円以下の罰金」と規定している。強制性交等罪（懲役5年以上）と比べるともちろん軽く、被害者視点からしてみれば、「性的同意年齢が13歳であっても、淫行条例違反があるからいい」とは言い難いだろう。

暴行や強迫の存在や激しく抵抗したことを立証できないと「同意した」ということにされてしまう現実は、想像するに地獄だ。小川さんは著書『「ほとんどない」ことにされている側から見た社会の話を。』（２０１８年、タバブックス）に収録されている「生まれてから12年間だけ猶予期間」という文章で次のように述べている。読んでいるだけで胸が苦しくなってくる。

あの13歳になった日の朝。私が読むべきだったのはこんな文章だろう。
日本には性的加害に１人で立ち向かわなくてはならないという刑がある。相手がどんなに自分より年上でも、体格差があっても、抵抗したら危害を加えられたり、今後の生活で不利な立場に置かれたり、もしくは殺されるかもしれないと感じたとしても、相手に伝わるかたちで必死に抵抗しなければならない。抵抗を裁判で立証できなければ、通常のセックスをしたのだと見なされる。この刑は生まれてから12年間だけ猶予される。あなたの猶予期間は昨日で終わりました。

## グレーゾーンで横行する男たちの強引な態度

そもそも「性的同意」とはどういうものなのか。刑法性犯罪の改正に取り組む一般社団法人Springが発行しているパンフレット『見直そう！ 刑法性犯罪～性被害当事者の視点から～』（2018年）にはこのような説明がなされている。

相手の同意のない性的言動は性暴力です。国連は、身体の統合性と性的自己決定権の侵害を性暴力として定めています。

「性的自己決定権」とは、いつ、どこで、誰と性関係を持つのかを決める権利です。これは、すべての選択肢をお互いが十分に把握し、その瞬間の自由な意思に基づいて同意や拒否ができるときに発揮されます。

同意がなく、対等性がなく、自分の意思を無視され、望まない行為を強要される時、人は深く傷つきます。性暴力とは、決して許されない人権侵害なのです。

性的な行為はとてもデリケートなコミュニケーションであり、一歩間違えると心身に深い傷を与えかねない。だからお互いが十分に納得した上で行為にのぞむことが大切で、相手の嫌がることは絶対にしてはならないし、たとえ行為中であっても一方が恐怖や違和感を抱いたら即刻ストップされるべきだと思う。性行為の際は言葉だけでなく、身体から発する微細なサインもきちんと拾われるべきで、性的同意とはそういう諸々が保障された状態のことを指すのだと理解している。「性的同意年齢」とはこういった判断が可能な年齢のことになるが、それが13歳にはたして可能なのかというと甚だ疑問だ。

とはいえ、自分だってそのことをちゃんと理解し、実践できていたかと問うと、自信がなくなってくる。私がこれを明確に意識しはじめたのは2017年の「#MeToo」ムーブメント以降で、それ以前は性的同意という概念の存在を知らなかった。

自分の過去を振り返ってみる。私が初めてセックスを経験したのは19歳の時だった。相手は当時つき合っていた恋人で、お互い初体験だったこともあり、トライしてから半年間はうまくできない状態が続いた。彼女が「痛っ！」となったら即中止。こちらも怖いので無理強いはできない。場所が彼女の実家だったというのも慎重な姿勢に輪をかけていたと思う（娘の恋人を快く泊めてくれる寛大な両親だった）。「最初は指で広げたほうがいいらしい」とか「温めたほうが入りやすいみたい」とか、どこまで正しい知識だったかはわからないが、ふたりで情報収集するなどして試行錯誤をくり返し、ようやく成功した時はちょっとした感動すらあった。

ただ、この経験を通じて自分の中にある種の〝加害意識〟のようなものがインストールされた実感もある。それは「挿入は相手に痛みを与える行為」という感覚だ。それ以来、私はセックスの際に「入れてもいい？」「痛くない？」と聞く癖がついた。「嫌われるのが怖い」という生来の性格も関係していたと思う。セックスでは男がスマートにリードすべしで、いちいち聞くのは野暮という考えに囚われた時期もあったが、性的同意という観点からしたら、これはこれでいいことなのかもしれない。

しかし一方で、恋愛相談の現場では「つき合っていない男性とセックスをし、そのことや、その後の関係のことでモヤモヤしている」という話を女性たちからわりと頻繁に聞くのだが、その時にドキッとした気持ちになることが正直ある。

よくある展開としては、合コンやアプリで知り合った男女が飲みに行き、酔っていい雰囲気になり、ホテルに行くか否かの話になる。女性側は「つき合ってないから」と牽制するも、収まりのつかない男性側が「ダメ？」とか「いいじゃん」とか言って粘り、なし崩し的に行為へとなだれ込む。それで連絡が途絶えたり、そのままなんとなくセフレっぽい関係になってしまったりして、モヤモヤした女性が我々のところに相談に来る——という展開だ。

この場合、男性側は明らかに言葉による同意を得ていない。最初に女性が言った「つき合ってないから」はＮＯのサインであるはずなのに、それをきちんと受け取らず、欲望の赴くまま振る舞ってしまっている。さすがに法律のライン（暴行や脅迫、抗拒不能といった）に触れているとは言い難いが、明確な同意の形成がなされていたわけではないので、「無理やり」とまではいかなくても、少なくとも「強引な態度」であることは間違いない。そして、このような話を聞くたびにドキッとした気持ちになるのは、自分にも身に覚えがあったからだ。

## なぜ女性の泥酔が「同意」の根拠になってしまうのか

この問題を男性側から考えてみる。もちろんすべての男性に当てはまるわけではないだろうし、どこまで一般化していいかはわからないが、これまでインタビューさせてもらった男性たちの話や、自分自身の感覚などを合わせて考えると、おそらく男たちの中に「強引な態度」という自覚はない。むしろ「同意を得られたからセックスできた」という思いすらある。そのベースとなる感覚を、私は拙著『よかれと思ってやったのに』の「何かと恋愛的な文脈で受け取る男たち」というコラムでこのように書いた。

この社会には「恋愛的なアクションは男性からするべきものであり、それを女性に受け入れてもらって初めて恋愛が前に進む」という考え方がまだまだ根深く存在しています。こういった価値観においては「男＝お願いする側、女＝お願いされる側」という位置づけられているため、我々男性はなんとなく〝下〟のポジションに置かれているような感覚を持ってしまいます。極端に言えば、男性は恋愛や性に関して、女性に「嫌がられること」や「拒否されること」がデフォルトという感覚を持っているような気がするわけです。

これは無意識レベルでの感覚かもしれませんが、私はこの影響がかなり大きいと考えていて、例えば女性側は何気なく褒めたつもりでも、男性側からすると「普通なら褒められるはずはないのに、わざわざ褒めてきたということは、俺のことをいいと思っているからではないか」という受け取り方になってしまったり、食事の誘いに乗ってもらえたら、それが仕事の打ち上げであっても、なぜか「1対1でご飯に行ってくれるってことは、俺のことを男として悪くは思ってないってことだよね？」という解釈になってしまったりするわけです。「何かと恋愛的な文脈で受け取る男たち」の心理的背景には、このようなメカニズムが働いているのではないかと考えています。

男性にとって、出会いからセックスに至るまでにはかなりの距離がある。進学塾の四谷学院が採用している「55段階」のようなステップをイメージしてもらうとわかりやすいかもしれないが、相手から個人として認識してもらえたら1段階、冗談を言って笑ってくれたら1段階、連絡先を交換できたら1段階、ふたりでご飯に行けたらもう1段階……と細かなステップを刻み、「酔っていいムードになっている」とか「ボディタッチがあった」などはかなりステージが進んだ感じがあり、「ホテルに行くかどうかの話になった」という段階はもはやゴール目前。かなり受け入れてもらえている感覚があり、それと「同意を得た」を錯覚してしまう。

もちろんこれらは極めて独りよがりな感覚であり、漫画家の田房永子さんが「膜理論」と呼んでいる現象（痴漢加害者など、男性が頭の中で思い描いている身勝手なストーリーを現実かのように錯覚する状態）そのものだと思う。そこでは女性側からの遠まわしのNOをYESに変換してしまったり、「つき合ってないから」という言葉を「ということはしたいって気持ちはあるんだな」などと解釈してしまったり……いわゆる〝認知の歪み〟と言われても仕方ない受け取り方が横行する。ましてや「同意」などでは決してない。

勝手に男性の共通感覚として述べてしまって申し訳ないが、俺たちは自分の中に根づいてしまっている感覚を今一度しっかり言語化し、自己点検すべきではないだろうか。相手の気持ちを完全に理解することはできないが、言葉による確認作業を行わないことにはその入口にすら立てない。また、体格差や腕力差を背景とする男女の非対称性も忘れてはならず、相手が穏便な態度を取っているのは恐怖心からかもしれない。そういう諸々をすっ飛ばして「相手から受け入れられた」「同意はあった」などと考えてしまうのは、とても愚かで恐ろしいことではないだろうか。

これは個人の感覚にとどまる話ではない。この社会ではセクハラや性暴力の事件が日常茶飯事だが、その根底にも同様の問題が関与している。

偉い立場にいる男性が部下や教え子の女性にセクハラで訴えられるケースがよくある

が、彼らは大抵「恋愛だと思っていた」と口にする。泥酔した女性をホテルに連れ込み、無抵抗な相手にわいせつな行為を働いた男性の事件も記憶に新しいが、なぜ女性の泥酔が「同意」の根拠になってしまうのか。痴漢で捕まった男性はしばしば「抵抗しなかったので受け入れられたと思った」と述べるが、その感覚はどこから生まれているものなのか。

さらに、そういったニュースでは「男の前で泥酔する女も悪い」「そういう場所に行った女性にも問題がある」「男性側が勘違いするのも無理はない」などと心ないコメントやセカンドレイプの嵐が吹き荒れるのがおなじみの光景だし、性暴力事件の裁判では驚くべきことに、「同意があったとは言えないが、被害女性に最後まで抵抗した形跡が見られない」という無茶苦茶な理由で無罪判決が出たりもする。

2017年の刑法改正にしたって、「暴行や脅迫があったかどうかを問う」という被害者の実態に沿わない要件を外し、「同意なき性行為の時点で犯罪」という法制度にすべしという議論もあったようだが、そこまでの大幅改正には至らなかった。これらはすべて根っこのところでつながっている。恐ろしいことに、それは俺たち一人ひとりの中にもつながっているものだ。

先に紹介したパンフレットにもあったが、性的同意とはつまるところ「人権」の問題なのだと思う。すべての個人は不可侵な存在であり、誰もその人の権利を踏みにじることはできない。性的なコミュニケーションが互いの境界線を融解させ、個と個を混ぜ合わせる性格を持つ行為である以上、そこには人権侵害のリスクが常につきまとう。だからこそ自分の要望をきちんと伝え、言葉で互いの意思を確認した上で、相手の反応を見ながらことを進めていく。そしてどちらかが少しでも違和感を抱いたら即時ストップする――。この大原則の理解こそ、俺たちに課せられた急務だと私は考えている。

# 3

# 私たちはすれ違ってすらいないのかもしれない

## ——コミュニケーションと聞く力

## 「男をひと括りにするな！」から進むために

レベッカ・ソルニット『説教したがる男たち』（ハーン小路恭子訳、2018年、左右社）という本がある。このタイトルを聞いて、愉快な印象を持つ男性はあまりいないだろう。上司、父親、先生、先輩……説教とは基本的に目上の人からされる面倒なものであり、「自分はそんなことしない」「男をひと括りにするな！」と感じた男性もいるはずだ。

しかし、説教のところに「説明」や「解説」という言葉が代入されたらどうだろうか。この本の原題は『Men Explain Things to Me』であり、説教よりもこれらのほうがニュアンスとしては近い。得意気な説明、独善的な解説、上から目線のアドバイス。私も仕事でそういう人に遭遇したことが何度もある。具体的な顔が何人か浮かび、嫌な気持ちになる。しかし同時に、自分自身にも身に覚えがないわけではなく、過去にやらかしたシーンの数々が走馬燈のようによみがえり、私は今、背筋に薄ら寒いものを感じている。

著者のレベッカ・ソルニットは、ウェブメディアでの活発な言論活動でも知られる、現代アメリカを代表する作家のひとりだ。歴史、環境問題、都市論、美術批評など扱うテーマは多岐にわたり、根底にフェミニズムの思想が流れる著作も少なくない。人類における歩行と思考の関係をまとめた『ウォークス 歩くことの精神史』（東辻賢治郎訳、2017年、左右社）では、歩行の自由を奪われてきた女性の歴史に一章が割かれている。街を歩くだけで危険や偏見に晒されるというのは、多くの女性にとって既視感のあるシチュエーションだろう。そういった身近な事例を女性差別の歴史や人権問題に接続させていく壮大な筆致がソルニットの魅力なのだが、『説教したがる男たち』でも彼女自身が体験したひとつの出来事が端緒になっている。

それはとあるパーティに参加した時のことだった。そこでソルニットは初対面の年配男性と会話をするのだが、最近書いた本のテーマを伝えると、「それについてはワシも知っている。この本は読んだかね？」といった調子で、なんとソルニットの最新刊について滔々《とうとう》と語りはじめたのだ。ここだけ切り取れば痛々しい笑い話で終わるのかもしれないが、ソルニットはここからスケールの大きなジェンダー論へと話を展開していく。

女性なら覚えがあるだろう。どんな分野でも、ある先入観のせいで物事がうまく運ばないことがある。どんなに頑張っても、話すことも、自分の言うことを聞いてもらおうとすることも、ままならない。ストリートで起きるハラスメントと同じように、ここは女の居場所ではないと教えることで、若い女性たちの意思を打ち砕き、沈黙に落とし入れる、あの先入観。私たちは自分を疑うようになり、自己の限界を思い知らされ、一方で、男たちの根拠のない自信過剰を助長する。

表題作にもなったエッセイ「説教したがる男たち」は、当初ウェブメディアに掲載され、瞬く間に拡散されたという。そして様々な議論を巻き起こし、そこから「マンスプレイニング（man＋explainingの造語）」という流行語も誕生した。多くの女性の琴線に、また多くの男性の逆鱗に触れた結果だとソルニットは述べている。

逆鱗とは耳の痛い言葉だ。というのも、「女性たちの目」という〝鏡〟に映る己の姿を突きつけられた時、男性が反射的に攻撃的な態度を取るというのはジェンダー研究において〝あるある〟と呼べる光景だからだ。では、「説教したがる男たち」の何が問題なのだろうか。それがなぜ女性たちの意思を打ち砕くことになるのだろうか。

本に登場する年配男性の話で考えてみると、彼の中には「教えるほうが上、教えられるほうが下」という価値観があった。そして、「上のポジションに立ちたい」という欲求にかられ、相手が誰かも確認しないまま上から目線の言葉を投げかけてしまった。本当にマヌケだと思うが、そこにあった動機や価値観は我々にも共通するものではないだろうか。

説教や解説は自分を相手より一段上に置ける行為だ。もちろんそれが相手にとって役立つものならまだいいが、語ることの快感や、すごいと思われたい気持ちが目的化してしまうことはよくある。また何かを説明する際は、感情を排して語ることが望ましいとされるため、内面を言語化するのが苦手な男性にとって都合がいい。嫌な言い方をすれば、これらは「自慢感が漂白された自慢」なのだ。利他的を装いながら、実は支配欲や承認欲求を満たそうしている（しかも無自覚に）だけだとしたら……なんともセコい行為に思えてはこないだろうか。

ソルニットの根底にあるのは、「行きたい場所に行き、言いたいことを言うのは、生存のための、尊厳と自由のための基本的な権利」という考え方だ。これは男女に共通するもののはずだが、こと女性の権利が踏みにじられやすい傾向にあり、この本ではその事例がたくさん紹介されている。彼女の体験談は卑近な例かもしれないが、男性たちが自説を疑わず、女性の声を封殺しようとすることは、社会問題や人権問題にもつながっていく。

2000年代のアメリカでは、アルカイダの存在に警告を発していたFBIの女性捜査官がいたにもかかわらず、当時のブッシュ政権は彼女の声に耳を傾けず、それがイラク戦争の一因につながった可能性が指摘されている。また、世界各地で起こるレイプやドメスティックバイオレンスの問題では、女性の証言だけでは被害を信用してもらえないケースも多い。中東には男性の目撃者がいないとレイプされたことを法的に証言できない国すらあるそうだ。

ソルニットはこの本で、「信じてもらうということは、基本的なサバイバル・ツールだ」と書いている。事実を述べても信じてもらえない世界は想像するに地獄だ。女性たちがそんな日常を生き、自分の中にも息づく「説教したがる男たち」がその一因になっているとしたら……これは男性たちが当事者として向き合うべき問題であるはずだ。問題提起のためにあえて大きな主語で語ったが、「男をひと括りにするな！」と苛立ちを覚えた人ほどソルニットのテキストに触れてみて欲しい。

# 我々が〝聞ける男〟になるために必要なこと

## なぜ男は恋愛相談にうまく乗れないのか

例えば知り合いの女性から「上司との不倫を進めるか迷っています」と相談を受けたとして、あなたならどう答えるだろうか。

「不倫なんて傷つくだけだからやめとけ」と諭したくなるかもしれないし、「部下に手を出す男なんて最低だ」と上司をこき下ろしたくなるかもしれない。いずれにせよ多くの人は相手のためを思って相談に答えようとするのではないか。

しかし、世の中には「男性に悩み相談をして失敗した」という経験を持つ女性が少なくない。悩みが晴れるどころか、むしろゲンナリさせられたと嘆く女性の話もよく耳にする。役立ちたいと思って相談に乗ったにもかかわらず、逆に相手を嫌な気持ちにさせてしまっていたら……それはちょっと悲劇的だ。なぜこういったことが起こってしまうのか。もしかしたらそれは、我々男性の対応に問題があるのかもしれない。

これまで女性たちから見聞きしたエピソードの中で、「恋愛相談における男性のゲンナリした対応」には例えばこのようなものがあった。

・話をちゃんと聞いてくれない
・話を間違って解釈される
・自分の恋愛観を語ってくる
・解決策を押しつけてくる
・彼氏や旦那のことを悪く言われる
・別れさせようとしてくる
・説教してくる
・やたら盛り上げようとしてくる
・口説こうとしてくる

これは男性にとってなかなか耳の痛いことではないだろうか。かく言う私にも身に覚えがある。何かアドバイスを送りたくてもまるで有用なことが言えなかったり、元気づけようと思っていたのに逆に相手を気疲れさせてしまったり……。しまいには、彼氏の愚痴に「ひどい彼氏だね！」「そんな男やめちゃえ！」と勢いよく共感したら、「あなたに彼の何がわかるの？」と怒られてしまったこともあった。まったくの無自覚だったが、私の態度にはこういったゲンナリ要素がたっぷり含まれていたのだと思う。

なぜ我々はこのような失敗を犯してしまいがちなのだろうか。その背景には、「相談された以上は何か役に立つ助言をしなくては」という気負いがあるかもしれないし、「何かおもしろい話をして相手を盛り上げねば」という思い込みがあるかもしれない。また、的確なことを言って相手から「すごい」と思われたいという気持ちや、「相手に影響を与えたい」「相手を思い通り動かしたい」という欲望、あるいは自分の優位性をアピールしたいという気持ちなんかがあるかもしれない。

それで相手の話をロクに聞かず一方的に意見してしまったり、相手の話を強引にまとめてしまったり、「別れたほうがいい」「やめたほうがいい」などと考えを押しつけてしまったり、相手の夫や彼氏のことを悪く言ってしまったりするのかもしれない。

## 人の悩みはズバッと言い表せるものではない

桃山商事では、女性たちから様々な失敗例を聞いたり、我が身を振り返りながらその原因を探ったりする中で、恋愛相談において最も重要なのは相手の〝現在地〟を一緒に探っていくことだという考えに至った。

人の悩みごとというのは、短い言葉で言い表せるほど単純なものではない。恋愛の悩みであれば、自分の性格や相手のパーソナリティー、相手との距離感や関係性、さらには一般常識や親との関係、ジェンダー規範やメディアに流布する情報など、実に様々な要素が複雑に絡み合っている。それゆえ、悩んでいる本人も自分が何に悩んでいるのか、ハッキリ把握していないケースのほうが多かったりする。

それらを読み解くためには、決めつけず、誘導せず、まずはじっくり相手の話に耳を傾ける必要がある。わからないことや疑問に思うことがあったら質問を投げかけ、理解度を高めていく。相談者さんが言葉に詰まってしまったら、こちらも自分の話などをしてみて語りを促していく。そういう行為をくり返し、相談者さんが「今、何に悩んでいるのか」を整理し、共有していく。このプロセスに最低でも1時間はかける。

では、このような心構えで冒頭に挙げた「上司との不倫を進めるか迷っています」というお悩みに向き合うとしたら、どうなるか。これは実際に我々の連載に寄せられた相談で、桃山商事の著書『生き抜くための恋愛相談』にも収録したものなのだが、「不倫はダメ！」と言いたくなる気持ちをいったん抑え、なぜ相談者さんがそういう思いに至ったのかという部分を徹底的に考えていった。詳細はぜひ本を読んでもらえたら嬉しいが、我々は相談者さん（まりこさん）の現在地をこのようにまとめた。

なんでも話せて、自分のことを気づかってくれて、会話をする時には質問をしてくれて、相談をしても自分の意見を押しつけてこない——。つまるところ、ひとりの人間として関心を向けられ、尊重してもらえること。そういうものを、まりこさんはパートナーに求めているわけです。でも、同世代の男性は自分の意見を押しつけてくるばかりで、敬意も関心も感じられない。それを期待できるのは成熟した年上男性になるが、すると大抵が既婚者になってしまう。だったらもう、不倫かセフレでいいのかもしれない——。これがまりこさんの現在地でした。

相談者さんは、上司の「自分に関心やリスペクトを向けてくれる」という部分に魅力を感じていた。そのようなまなざしを向けてくれる男性と恋愛をしたいのに、そういった男性となかなか出会えない。それで上司との不倫を検討していることが、彼女の現在地を探る中で見えてきた。

となると、本当の問題は「不倫を進めるか否か」ではなく、「どうやったら自分に関心やリスペクトを向けてくれる男性と出会えるか」「そういう関係をどう築くか」という部分にあることがわかる。関心やリスペクトというのは、その人のセンスや知識、経験値や言葉の選び方といったものに対して向けられるものだ。だとすると、一対一で互いの恋愛的な魅力を探り合うデートのような場よりも、彼女の人間的な魅力が発揮されやすいシーンを男性と数多く共有していくことのほうが合理的なのではないか。そう考え、仕事やコンテンツといった〝第三者〟を媒介とする「新しい三角関係」というコミュニケーション方法を提案した。

好きな映画や本を共有して感想を言い合ったり、ニュースについて語り合ったり、一緒に仕事や勉強をしてみたりといった〝三角関係〟の中で、互いの知識やセンスに対して敬意や関心を向け、恋愛感情を育んでいく。まりこさんにフィットするのは、そういった関係の築き方ではないでしょうか。

相談者さんのお悩みにじっくり耳を傾け、現在地を一緒に探りながら相手に合った解決策を提示していく。これが我々の考える恋愛相談の理想型だ。とにかく相手の話をよく聞く。内容としては極めてシンプルであり、特殊な経験や専門知識は必要ない。すべての男性にオススメしたい方法だ。

２０１６年に放送され、社会現象にもなったドラマ『逃げるは恥だが役に立つ』（ＴＢＳ系）では、恋愛経験は乏しいものの、相手の意思を尊重し、相手の話にしっかり耳を傾ける津崎平匡《ひらまさ》（星野源）が世の女性たちから熱狂的な支持を集めた。このことが示すように、今は対話型のコミュニケーションや対等なパートナーシップを築ける男性像が求められているように感じる。想像力を馳せながら相手の気持ちに寄り添う力は、我々男がこれからの時代を生き抜くために必要なものだと思うのだ。

## 「コロナ離婚」の背景にある絶望感の正体

### 外出の自粛要請は理解しているけれど

世界各地で新型コロナウイルスをめぐる状況が日増しに深刻化している。日本でも感染者が増加の一途をたどり、政府や各自治体からは外出の自粛要請も出ている。感染の拡大を防ぐためには各自が家にこもり続けるのがいいのだろうが、そうなると経済がどんどん停滞し、生活そのものが立ち行かなくなる危険性がある。

このジレンマはあらゆる人々が直面している喫緊の課題だが、日本政府はトンチンカンな対応や意味不明の提案をくり返し、国民を混乱させている。ツイッターでは「#自粛と給付はセットだろ」というデモも立ち上がった。

外に出るなと言われても、みんなが用事を延期できたり、リモートワークに切り替えられたりするわけではもちろんないだろう。コロナ感染の恐怖に怯《おび》えながらも、仕事や学校に出かけざるを得ない人はたくさんいるはずだ。

しかし、それでも平常時に比べれば在宅で過ごす人の数は圧倒的に増えている。桜満開の時期でも繁華街や公園にいつもの人出はなかった。感染予防の観点からすればとてもいいことだと思うが、その一方で、終わりの見えない外出自粛の中で「#コロナ離婚」や「#コロナ破局」といった現象が密かに進行しているという。ツイッターでこれらのハッシュタグを追ってみると、そこには生々しい現場のエピソードがつづられている。また私の身のまわりでも、コロナをめぐって夫婦喧嘩をしたり、実際に恋人と別れてしまった友人もいる。

手洗い、うがいをして欲しいと言ってもやらない。「つき合いだから仕方ない」と飲み会やフットサルに出かけることをやめない。軽率にスキンシップを求めてくる神経が信じられない。子供や年老いた親に感染させたらどうするんだ。ウイルスがきっかけになっているだけあって、最も多いのは衛生観念にまつわるすれ違いだ。その他にも、在宅なのに家事や育児をやらない、子供とゲームばかりやっている、不機嫌をまき散らしてきて鬱陶しい、ストレス発散のはけ口にしてくる、何かとネット通販や宅配サービスを使おうとするのが気になる……などなど、パートナーに対する不満や疑問の声は枚挙にいとまがない。

一緒に過ごす時間が長くなればケンカが増えてしまうのも仕方ないだろうし、東日本大震災のあとにも「震災離婚」が多発していたことを考えると、有事というのは価値観のすれ違いを浮き彫りにしてしまうものなのかもしれない。よりシビアな話になると、外出という選択肢を奪われることでパートナーからのＤＶやモラハラが激しくなったり、子供への虐待が深刻化したりというケースもあるようだ。

## くり返される「敏感な妻VS鈍感な夫」という構図

コロナ離婚やコロナ破局の事例において、愚痴や不満を吐露しているのはほとんどが女性だ。法律婚や事実婚、同性愛や異性愛などパートナーシップにも様々なかたちがあるし、もちろん男性からの声だってあるのですべてというわけではないが、割合でいえば男性がストレス源になっているケースが圧倒的に多い。この構図に従えば、衛生観念が低いのも、家事や育児をやらないのも、家でゲームばかりやっているのも、概ね男性側ということになる。思えば震災離婚の時も、放射性物質のリスクに対して「敏感な妻（彼女）VS鈍感な夫（彼氏）」という対立が多発していた。

もちろんすべてがこのケースであるわけではないし、真逆の場合も多々あるだろう。ただ、男女で偏りがあるのが事実だとするならば、考えられる理由としては、実際にそういう男性が多いか、不満や疑問の声を挙げる男性が少ないかのいずれかではないだろうか。

拙著『よかれと思ってやったのに』は、女性たちから寄せられた「男に対する不満や疑問」にまつわる約800のエピソードを元に、男性がやらかしがちな失敗を20のテーマに分類し、その原因や対策について男性当事者の立場から考察した本だ。女性たちの声と向き合い見えてきたのは、男性たちの言動自体もさることながら、それについて意見交換しようとした際に直面する「話の通じなさ」に最も絶望していたということだ。

話が通じないとはどういうことだろうか。妻が夫に「手洗い、うがいをちゃんとやって欲しい」と求めたとする。夫側に心当たりがあるなら「了解」と言って行動を改める。もしないなら、「自分ではやってるつもりだったけど足りてないかな？」などと妻側の考えを聞いてみる。これならば話は通じたことになる。

しかし、ムスッと黙ってしまう、「気にしすぎじゃない?」「大丈夫っしょ」と返答する、「俺をばい菌扱いするのか」「お前だって完璧じゃないだろ」とキレる……といったリアクションをした場合、相手から「話が通じない」と思われても仕方ないだろう。あるいは「了解」と返事をしたのに行動が改まらない場合も同様の印象を与えるはずだ。話し合いにならない。問題に向き合ってくれない。意味や意図を理解してもらえない。こういった感覚こそ、「話の通じなさ」に付随する絶望感の正体ではないかと考えられる。

くり返しになるが、男性ばかりが悪者と言いたいわけでは決してない。しかし、コロナ離婚やコロナ破局にまつわる声を眺めてみると、本の元になった800のエピソードとかなりオーバーラップするし、コロナはあくまで引き金のひとつであり、原因は平常時から蓄積・潜在していた要素のほうにあるのではないかと私には思えて仕方ない。

事例に挙がっていた衛生観念の低さや家事育児への不参加などが男性に顕著な傾向だとするならば、それは個々人の資質や意識による部分もあるだろうが、同時に「ジェンダー(=社会的・文化的に構築された性差)」の問題でもあるように思えてならない。身体意識の希薄さや家事能力の低さというのは、ジェンダー研究の世界でさんざん指摘されてきた「男性性」の特徴だ。

コロナウイルスは未知なる脅威であり、専門家ですら混乱している中にあって、我々一般市民が状況や対策を正確に把握することは不可能だ。いきなり「外出を自粛せよ」と言われたら困惑するのが当然だし、「していいこと」と「してはいけないこと」の判断を何にのっとって下せばいいかの基準も共有されているとは言い難い。さらに今回は自分だけの問題にとどまらず、他者に感染させ、最悪の場合は死に至らしめてしまう可能性すらある。

誰もが不安を抱える状況下で時間を長く共にすれば、意識や価値観の差異が浮き彫りになり、喧嘩が起こるのも致し方ないことだろう。本来であれば政府が、明確な目的や具体的な期間、不安を和らげるための補償や対策、判断の基準となる情報などを国民にしっかり提示すべきだと思うが、現状それがなされているとはお世辞にも言えない。

それはそれとして政府には厳しく声を上げていくべきだが、こんな今だからこそ、男性はジェンダーについて学ぶべきではないか。そこでは我々男たちの行動様式や思考パターンが極めて論理的に分析されている。自分の意思やこだわりだと思っていたものが、実はジェンダーの呪縛によって生産されていたという発見に満ちあふれている。自分を客観的に省みることで、俺たちは「話の通じる男」になれるのかもしれない。

# 私たちは〝すれ違ってすらいない〟のかもしれない

## ローコンテクストなコミュニケーションとは

すれ違いを埋めることはさほど難しくない。AとBの理解についてすれ違っているならば、Aはなんなのか、Bはなんなのかを確認した上で、そこにあるのはどんな違いで、どうすればすり合わせられるのか、両者で粘り強く話し合っていけばズレは着実に減っていく。そして互いの納得や許容の範囲に至ることができれば、それがすなわち「落としどころ」や「妥協点」となる。

しかしこれは「理屈だけでいえば」という話にすぎない。実際にはなかなかこうはいかないし、「それができれば苦労しないよ！」って話だと思う。すれ違いを埋めることはとても難しい。それどころか、私たちはもしかしたら〝すれ違ってすらいない〟のかもしれない……と感じることがある。それは、どういうことか。

劇作家の平田オリザさんは、著書『わかりあえないことから――コミュニケーション能力とは何か』（2012年、講談社現代新書）などを通じ、日本人のコミュニケーション様式が「ハイコンテクスト」であることをくり返し指摘している。いわく、かつては「一億総中流」という言葉もあったように、同質性を背景に「言わずもがな」のコミュニケーションがベースになっていた。しかし、今や同じ日本人であっても価値観やライフコースは多様なわけで、同じ言葉を同じ意味で使っているとは限らない。ゆえに、これからは説明を省略するハイコンテクストなやり取りではなく、一つひとつ言葉を尽くして合意を形成していくローコンテクストなコミュニケーションが必要になってくるだろうと平田さんは述べている。多文化が共生する欧米では、こういったコミュニケーションスタイルが基本だ。

そもそも私たちはみんなばらばらの個人だ。どれだけ近しい人であっても他者なわけで、すれ違いが生じるのは当たり前の話ともいえる。ローコンテクストなコミュニケーションによってズレと向き合おうという平田さんの考えに私はとても影響を受けた。

とはいえ私たち日本人にとって、このことを実践するのは言うほど簡単なものではない。日本語は主語や目的語を曖昧にしたまま運用できてしまうし、言葉を省略していくことに長けた言語でもある。また、確認や念押しを「野暮」と感じたり、主張や要望を「わがまま」と捉えたりする風習も存在している。そういう環境下でローコンテクストなやり取りをすることはとても難しい。

私とウェブメディア『花椿』で「恋愛と言葉」をめぐる連載を一緒にやっているライターの小川知子さんは、ときどきコミュニケーションの中で誤解をされることがあると語っている。彼女は会話中によく「わかる?」や「それってこういうことだよね?」と確認をするのだが、それが上から目線に感じられたり、勝手な要約と受け取られたりすることがあるというのだ。小川さんは留学経験があって翻訳の仕事をすることもあり、何事も言葉にしなきゃわからないという考えがベースにある。それで「私たちは同じ言葉を同じ意味で使っていますよね?」「私たちは今、同じ地点にいますよね?」とズレがないかを確認しているだけなのだが、それすらネガティブに受け取られてしまいかねない文化に私たちは生きている。

すれ違いとはAとBが明確になって初めて成立する。「私はこう思う」「私はこれをこうしたい」など互いの意図や目的がハッキリしていなければズレは浮き彫りにならない。

はたして私たちはそのようなコミュニケーションを取っているだろうか。英語のように S（主語）V（動詞）O（目的語）C（補語）を明示しながら会話しているだろうか。

ハイコンテクストとは「文脈への依存度が高い」ということだ。前提や背景を共有しているからこそ説明が省略されていく。暗黙の了解、以心伝心、あうんの呼吸……。確かに慣れ親しんだ相手との間で交わされるハイコンテクストなやり取りは心地良いし、「そんな感じで」「オッケー」で通じるなら話も早い。時間も労力もかかるローコンテクストなコミュニケーションに比べればはるかに楽だ。

しかし、その「文脈」は本当に同じものなのだろうか。「同じ」ということにしているだけではないだろうか。もちろん確認しなければズレは露呈しないわけで、フワッと〝共有してるふう〟のままコミュニケーションが完結することはあるだろう。でも、もしも文脈にズレがあった場合はどこかにしわ寄せがいく。大抵は力や立場の弱い側が水面下で調整したり忖度《そんたく》するなどしてズレを吸収することになる。そうやって片方の我慢で成立していることも少なくないのがハイコンテクストなコミュニケーションだ。

## 「丸く収める」だけでいいのだろうか？

少し話は飛ぶが、デザイナーの原研哉さんは著書『日本のデザイン――美意識がつくる未来』（2011年、岩波新書）の中で日本文化における「エンプティ」という概念について説明している。簡潔なもの、すっきりしたものを私たちは「シンプル」と表現するが、それは合理主義が根づく欧米の概念で、日本人がシンプルだと思っているものは実はエンプティなのだという。これはどういうことかというと、シンプルとは「物と機能との関係の最短距離を志向する」考え方であるのに対し、意図的に「空っぽ」をまとい、あらゆる解釈を受け入れられるようにしておくというのが日本のエンプティだと原さんは解説している。

これ自体は日本のデザインや美意識にまつわる分析であり、コミュニケーションの話に結びつけるのはやや強引かもしれないが、ハイコンテクストなやり取りにこのエンプティが関与しているのではないかと私は感じている。余白や余地という言い方もできるかもしれない。

核となる部分をあえて空洞にしておくことでズレが明確化しない。互いに違う解釈をしていてもなんとなくフワッと話が進んでいく。「自分の意見」なのか「世間の常識」なのか判然としないまま言葉が交わされ、感情的な不和さえ生じなければ最終的に丸く収まっていく。それはまさに「ハイコンテクスト」と呼ぶべき高度な行為で、円滑な関係を築くためにあみ出されたコミュニケーション方法なのかもしれない、とも思う。

しかし一方で、本来は存在して当たり前なはずのズレをなかったことにし、片方もしくは全員に抑圧や我慢を強いることにもなりかねない。これはハイコンテクストのネガティブな側面だと思うし、そうやってみんなが暗黙のうちに微調整を強いられる状態を「同調圧力」と呼ぶのかもしれない。

冒頭で「私たちはもしかしたら〝すれ違ってすらいない〟のかもしれない」と書いたのは、こういった考えによるものだ。ローコンテクストなコミュニケーションとはエンプティを言葉で埋めていく作業であり、言動の意図や責任の所在が明らかになるため、ギスギスしてしまう危険性も孕《はら》んでいる。しかし、ばらばらな個人がばらばらなまま存在できる多様な社会を作っていくためにも、私たちは摩擦や野暮さに耐えながらローコンテクストなコミュニケーションにシフトしていくべきだと私は考えている。その社会ではおそらく、すれ違いは不幸なものではなくなっているはずなのだ。

# 4

# 生理が自己責任になってしまうディストピア

## ――強固な男性優位の社会構造

# 田嶋陽子が再ブーム。〝日本でいちばん誤解されたフェミニスト〟はこんなにカッコ良かった

## あの「イメージ」を作ったメディアの思惑

今、田嶋陽子の言葉がにわかに脚光を浴びている。どこでと聞かれたら「ジェンダー界隈」とか「フェミクラスタ」などと答えるのがわかりやすいのかもしれないが、個人的に「界隈」という言葉が苦手なのと、属性や好みにかかわらず様々な人に読まれるべきものだと思っているので、ここでは広く「メディアの世界で」と言ってみたい。

私は1980年生まれで、90年代に思春期を過ごした世代にとって田嶋陽子とはバラエティ番組の中でいつも男に怒ってるおばちゃんというイメージだった。特に『ビートたけしのTVタックル』(テレビ朝日系)でのインパクトが大きく、とりわけ熱心な視聴者ではなかった私でさえ、おかっぱヘアに三角メガネという出で立ちで大竹まことや

舛添要一らと舌戦をくり広げる田嶋陽子の姿が強く印象に残っている。

　しかし、そのイメージは私の中で大幅に更新されることになった。というか、その「イメージ」こそが最大の問題であることに気づかされた。田嶋陽子を「いつも男に怒ってるおばちゃん」に仕立て上げたメディアの思惑、あるいはそのイメージをやすやすと受け入れてしまった己の思考様式。そういったものを改めて見つめ直してみることが、2020年の今を生きる男性にとって重要なことではないかと考えている。

　このブーム（という言葉が適切かわかりませんが）のきっかけは2019年秋に2冊の本が出版されたことだった。ひとつはフェミマガジン『エトセトラ』VOL.2「We❤LOVE 田嶋陽子！」特集号、もうひとつは新潮文庫で再文庫化された田嶋の著書『愛という名の支配』だ。『エトセトラ』は作家の山内マリコと柚木麻子が責任編集を務めており、刊行の理由を山内は「はじめに」でこう述べている。


　わたしたちにテレビは変えられない。だけど、テレビによって作られてしまった、田嶋陽子さんのイメージは変えられるかもしれない。(中略) これが、わたしたち世代がやるべきことなんじゃないかと思うのだ。藪だらけの荒野を開拓し、わたしたちがケガしないよう道を作ってくれた先達を、正しく評価しようと、扇動することが。この、日本でいちばん誤解されたフェミニストを救うことは、日本の女性全員を救うことになるんじゃないかと、わたしは思うのだ。

この宣言の通り、様々な書き手による論考や書評、座談会や本人インタビューを通じ、その功績を改めて振り返っていく。戦時中の体験や母親との関係がフェミニズムの出発点になっていること、30年前から英文学を土台にした骨太なフェミニスト批評を書いていたこと、テレビ出演の際に編集で印象操作しようとする制作サイドと戦ってきたこと、お茶の間の人気者になって同業のフェミニストから非難が集まったこと。「そうだったんだ」「知らなかった」の連続で、読むほどに従来のイメージが覆されていった。

## 男性優位社会という巨大構造に石を投げる

書き手のひとりであるライターの堀越英美は、「やんちゃでかわいい『僕』たちの世界で」と題したエッセイでこう述べている。

彼女が咆哮をあげれば、やんちゃな「僕」や「オイラ」たちが怖がるそぶりをする。もしくは、声高にわめきちらす女にはまいったよ、と苦笑する。社会的強者たちを、ことごとくかわいそうな「僕」に仕立て、加害性を浄化してくれる猛女。それがかつて私たちが目にした彼女の姿だった。メディアに重用されるのは必然だったといえる。

極めて痛烈な批判だ。読みながら苦しい気持ちになった。女性から叱られた際に〝被害者しぐさ〟を取り、自らの加害や過ちの免責を狙うというのは我々男がやりがちなアクションだからだ。

90年代、メディアは圧倒的に男性のものだった。男性出演者による男性目線の言葉が縦横無尽に飛び交い、男性だらけのスタッフが裏でそれを強力に支える。女性は限られたいくつかの役割や機能（お色気、聞き役、アシスタント、高嶺の花、女扱いしなくていい女、男たちを許す女、そして叱る女、など）に押し込められ、そこでくり広げられる光景がそのまま世間のジェンダー観やコミュニケーション様式に反映されていった。

「いつも男に怒ってるおばちゃん」という田嶋陽子のイメージは、テレビという巨大メディアに君臨する男性たちによる印象操作の賜物だったのだ。これは本当に恐ろしいほど巧妙に作り上げられている。安易に甘受してきた私たち視聴者も共犯者だろう。そしてそれは世間に流布する「フェミニスト」のイメージにもつながっていった。

私がフェミニズムに出会ったのは30代になってからだった。学生時代から「サブカル」と呼ばれるジャンルの愛読者だった私は、TBSラジオの深夜番組『文化系トークラジオLife』でサブカルと社会学が交差する言説に興味を持ち、その延長で北原みのりや上野千鶴子の本を手に取った。当時の私にとってフェミニズムはサブカルだった。

読んでみて、そのあまりのカッコ良さにびっくりした。生活や習慣、ルールやシステム、恋愛、セックス、経済、メディア、政治など、社会のあらゆるところに潜む性差別に一つひとつ異議を唱えていき、しかもその言葉が知的で論理的でユーモラスでエモーショナルで、読みながらぐいぐい引き込まれていった。

性差別の背後には岩盤のように強固で分厚い、長い歴史をかけて作り上げられてきた男性優位社会という巨大構造が見え隠れする。そこに石を投げ続ける姿勢にめちゃくちゃ痺れたし、文章を書く仕事に携わる人間として、見たくない自分や目を背けたくなる自分のことも果敢に言語化しながら、男性である自分自身とこの社会の関係をもっと知っていきたいと思った。

しかしそうしてフェミニズムに魅了されたはずなのに、私はこれまで、田嶋陽子のことを「いつも男に怒ってるおばちゃん」のまま放置していた。「日本一有名なフェミニスト」であるはずの彼女の本を読んだことすらなかった。

今回、『エトセトラ』をきっかけに『愛という名の支配』も読んでみた。クールで優しくて果敢な自己開示に満ちたすさまじい本だった。そこで田嶋は「さみしい私の心のよりどころ」だったという、中学生の頃に飼っていた猫のエピソードを紹介している。


ところが、その猫が皮膚病にかかったんです。そうしたら、うちの母が「猫を抱いて寝ると結核になるから、抱いちゃいけないよ。ふとんに入れたらいけないよ」とくり返し言いました。あんまり言われて、私もだんだん気持ちわるくなってきて、ある日、足元からふとんにはいってきた猫を蹴りだしたんです。二月の寒い時季だったので、猫もしつこく何回もはいってきました。そのたびに足で外に出していたら、あきらめたらしくて、階下に降りていきました。そうしたら、翌日、その猫が近所の畑のなかで死んでいたんです。

すごい話だと思う。こういう身を切るような、それでいて誰もが経験し得るかもしれないような体験をまっすぐ言葉にしながら、そこから差別のことや愛のことや文学のことに思索をめぐらせていく姿が本当にカッコ良い。

田嶋は『エトセトラ』のインタビューで「私のための、私が生きるためのフェミニズムであって、フェミニズムが先ではないからね」と語っているが、まさに「生きるためのフェミニズム」を象徴しているエピソードではないだろうか。

私はフェミニストたちの言葉から、切実で実存的な個人の問題を深く掘り下げながら、その先に見える他者や社会の問題について身体感覚を伴って言葉にしていくのがフェミニズムの根本であると学んだ。

知るのはつらいし、考え続けることは時に疲れる。それでもフェミニズムは男性にとっても必須なものだと思う。それは男たちを無意味に糾弾しているものではないし、まして〝被害者〟にして甘やかすものでは決してないのだ。

## エロ本の作り手にお話を伺う中で見えてきた巨大構造

### コンビニがエロ本を売るために設けたややこしい建前

2019年1月、国内大手コンビニ各社が「2019年8月末までに成人向け雑誌の販売を中止する」という発表を行った。「女性や子どもが来店しやすくするほか、2020年（当時）の東京五輪・パラリンピックなどを控え、インバウンド（訪日外国人）のイメージ低下を防ぐ」というのがその理由だった。私は異性愛者の男性で、中学生の時に初めてエロ本を買って以来、人生の大半をエロ本に疑問を抱くことなく生きてきた。そんな自分にとって、コンビニの成人向け雑誌は非常に語りづらいテーマだ。

私は30代になってからフェミニズムに触れる機会が増え、コンビニにエロ本が置いてあることに疑問を抱くようになった。なので売り場からなくなるというニュースはとても喜ばしいことだと思っている。老若男女誰もが出入りするはずのコンビニにエロ本が堂々と売られているのは、子供たちのジェンダー観を歪め、青少年の性的欲求をみだりに煽《あお》り、女性たちに恐怖や嫌悪感を与えかねないわけで、絶対におかしい。販売の取り止めに一点の異論もない。

しかし、である。それらはあくまで頭で理解していることであって、身体感覚を伴うものなのかといえば、そうとも言い切れない部分がある。

コンビニでエロ本を見かけても、「よくないよな」「いつまで置いてんだよ」とは思っても、「マジで無理！」「勘弁して！」という強い感情が湧き出てくるわけでは正直ない。それどころか、扇情的な写真につい目が奪われてしまう瞬間もあり、「お前にエロ本を否定する資格はあんの？」と、脳内に厳しいツッコミの声が響き渡る。そういう自分のことを棚に上げてこの問題を語ることはできない。それが語りづらさのゆえんだ。

今回は縁あってコンビニ販売用の成人向け雑誌を出している出版社のKさんにお話を伺う機会をいただいた。長年エロ本制作の現場に携わってきたKさんの話も参考にしながら、自分なりにコンビニのエロ本問題について考えてみたいと思う。

そもそも、コンビニのエロ本とはいったいなんなのか。Kさんによれば、それは「青少年育成条例で有害と認定された〝不健全指定図書類（＝18歳以下は買えない）〟ではなく、括りとしては『ヤングマガジン』などと同じ〝青年誌〟」だという。だから「成人マーク」もついておらず、法的には小学生でも買えてしまう。中身が見られないよう冊子を留めているあの青いテープも、各コンビニによる自主規制なのだ。

でも、なんだかわかるようでわからない気もする。法的にNGなら「そもそもコンビニで売っちゃいけないものだった」ということで理解できるが、どうやらそうではない。かといって、「なるほど、青年誌ね！」とすんなり納得もできない。確かに表紙にヌードが載っているわけでもなく、同じように水着のグラビアが踊る『ヤンマガ』や『プレイボーイ』と変わらないという理屈も理解できなくもないが……やはり青年誌とは明らかに違う気がするし、だったらなぜエロ本だけ売り場から撤去するのかもわからない。

Kさんはコンビニのエロ本（業界では「コンビニ本」と呼ばれている）を「表現規制が厳しい中でいっときだけ咲いた徒花《あだばな》」と言っていた。いわく、エロ本には大きく分けて2種類あって、ひとつが書店やアダルト専門店などに置いてある通称「書店誌」だ。成人マークつきで内容的にもハードなものが多く、基本的にコンビニでは取り扱えない。そしてもうひとつがコンビニ本で、こちらは各コンビニや取次各社が定めるガイドラインの範囲内で作られていて、内容もライトユーザー向けになっているという。「いやいや、どっちも一緒でしょ！」「そのガイドラインって何よ?」という思いは残るが、ひとまず建前上は、エロいけど厳密にはエロ本ではなく、販売にも問題はないが、他の雑誌と置く棚を分け、テープで閉じるなどの配慮もしている——という理屈になっているようだ。

だとすると、それは雑誌というより、コンビニで売るために作られた〝商品〟ということにならないだろうか。そんなややこしい建前を設けてまで、なぜコンビニはエロ本を売ってきたのか。

「やっぱり儲かるからですよね」とKさんは言う。コンビニ全体の売り上げ推移はわからないが、Kさんが制作に関わってきたコンビニ本を例にとれば、最盛期の2000年代後半で、1冊で10万部売れるものも少なくなかったそうだ。当時に比べると今は3分の1程度まで落ちているというが、それでもアベレージで3万部……出版業界に身を置く人間としては羨ましさしかない数字だ。

## 売り上げとイメージアップを天秤にかけてみると

では、作り手としてはどうなのだろう。ガイドラインの範囲内で作るライトユーザー向けのエロ本とはどういうものなのか。

「コンビニ本はとにかく売り場ありきで、できることから逆算して作るしかないんですよ。制限が多く、例えば表紙に〝女子高生〟や〝フェラ〟という言葉は使えないし（顔射やおしゃぶりはOKみたいだが）、コンビニや取次から『もっとモザイクを濃くしろ』と言われたら従う以外に道はありません。流行の変化も激しく、作りたいものより売れるものを志向せざるを得ないのが正直なところですね」（Kさん）

いわく、売り上げの減少に伴い、制作費もどんどん下がっていった。元から低予算ではあって、モデルとの絡みシーンを撮影する時は、編集者自らカメラマンも男優役もワンオペでこなしていた。今ではさらに節約化が進み、1回の撮影でDVD3本分のシーンを撮ったり、AVメーカーから素材を借りたり、過去に撮影した写真を使いまわしたりして誌面や付録を構成することもある。

また読者層も年々高齢化していて、昔は女子高生や女子大生が好まれていたのが、今はもっぱら熟女や人妻が人気だという。この雑誌では「20代人妻」として取り上げたモデルさんを、別の雑誌では「40代熟女」として登場させる。それだけで売り上げが伸びることもザラなのだそうだ。

「もちろんモデルさんを騙してるわけじゃないですよ。事前に説明するし、書面もキチンと交わします。今は雑誌用の写真やＤＶＤ用の映像だけでなく、ネットでもデータ販売しているため、様々な媒体で素材を使わせてもらう契約になっている。ギャラ含め、モデルさんにはすべて了承してもらった上で仕事がはじまります。そのあたりをクリーンにしておかないと、すぐにつぶされてしまう商売なので」（Ｋさん）

コンビニ側のガイドラインは守っている。出演者ともしっかり書面を交わしている。騙したり、無理やり何かをさせるようなこともしていない。だとしたら、なぜコンビニはエロ本の撤去を決めたのだろうか。

「東京オリンピックのこともあるだろうし、ＳＮＳでの抗議の声が強くなってきたことも大きいとは思います。ただ、ひと昔前ならコンビニも取り下げなかったと思うんですよ。なんなら『お前らの難癖で取り下げてたまるかよ』くらいに思っていたはず。社会的な影響を気にするより、圧倒的に商売としてうまみがあったからです」（Ｋさん）

この言葉はとても印象的だった。フェミマガジン『エトセトラ』が行ったアンケート調査によれば、セブンイレブンにおける成人向け雑誌の売り上げは「全体の１％以下」

だという(ローソンも同程度の規模とウェブメディア「KAI-YOU」のアンケートに回答している)。1冊で3万部も売れていることを考えると、それでも小さくない数字に思えるが、個人的には、コンビニ側はその売り上げと社会的なイメージアップを天秤にかけ、後者を取ったという印象を抱いた。エロ本が撤去されるだけ前進したという見方ももちろんあるが、手放せるくらいの売り上げまで減ってきたタイミングで、さも社会正義のような顔をして撤去を決めたならば、それはちょっとエグいなと個人的には感じてしまった。

## "マジョリティ男性"たちが駆使する常套手段

Kさんに取材する前、私には「作り手としてのモラル」を問うてみたい気持ちがあった。個人的な話で恐縮だが、私の中には「年上の女性に迫られてみたい」という願望が昔からあって、それは高校生の時にくり返し読んだエロ本の影響なのではという感覚がある(そのようなストーリーの連載企画があって、それにどハマりしてました)。もちろん全員が全員というわけではないだろうが、思春期の青少年に強烈な影響を与えかねないものであることは確かだと思う。そのあたり、作り手としてどのように考えているのか。そんな思いで取材にのぞんだのだった。

しかし、話を伺いながら、関心の矛先は「コンビニのエロ本」という存在の奇妙さに移っていった。自分はそれが18禁ではなく、書店誌との区分けがあることすら知らなかった。ライトユーザー向けとして「読者がサクッと5分で抜いて眠れるようなもの」を目指して作られるコンビニ本では〝男にとって都合のいいストーリー〟が徹底的に志向され、それを真綿のように吸い込んでしまったひとりが高校生の時の自分だった。

「僕たちはモデルをいかにエロく撮影するか、読者をいかに勃起させるかしか念頭に置いておらず、読者がどんな影響を受けるかまでは考えていない。それは格闘技の選手が相手の怪我や後遺症を気にせず、目の前の敵を倒すことだけを考えてパンチやキックをくり出すのと同じです」とKさんは語っていた。確かに自分が同じ立場でもそうすると思う。私の中には作り手のモラルを責めたい気持ちが正直あったが、それよりも、場やルールを作り、それを運用している側のほうに問題の核心があるのではないか。

コンビニがなぜ今までエロ本を置き、なぜこのタイミングで店頭からの撤去を決めたのか、究極的にはわからない。ただ、かつてはエロ本がかなりの利益を上げていたこと、そしてそれが「全体の売り上げの1%以下」に下がっていることは事実だ。法の目をかいくぐるようなロジックで「コンビニ本」という奇妙な商品を生み出し、世間の風潮に付和雷同していくようなルールで作り手を縛り、のらりくらりと利益を生み出しながらも、売り上げ的に大きなウエイトではなくなったタイミングで、明確な理由を示さないまま販売の取り止めを決定した(それも各社足並みを揃えて)。

このダブルスタンダードどころじゃない、何重にも織り込まれた基準によってゆらゆらと実体を現さないまま利益を得つつ、責任からは巧妙に逃れていくというやり方には既視感がある。これは様々な問題における〝マジョリティ男性〟の常套手段ではあるまいか。そして、自分もまたその男性社会から利益を得てしまっているという点こそ、コンビニのエロ本問題に関する語りづらさの核心だったのではないかと思うに至った。

どのように結論づければいいのか、自分にはさっぱりわからない。エロ本が店頭から撤去されることは喜ばしいが、それで何かを幕引きしようとしているようにも思え、モヤモヤが残る。今回はKさんのお話を伺う中で、男にエロを提供し、その仕組みを守ろうとする巨大な構造の存在がおぼろげながら見えてきた。自分もまたその一部であるという事実と向き合いながら、今後もこの巨大構造に小石を投げ続けていきたいと思う。

## 生理が〝自己責任〟になってしまうディストピア

### 「じゃあ口でして」という彼氏からの横暴な要求

大学生の頃、知人女性といいムードになり、キスしたり抱き合ったりを経てセックスがはじまりそうになったことがあった。しかし、すんでのところで「実は今、生理で……」と告げられた。こちらのリビドーは高まり切っていただけに正直「えええっ！」という落胆の気持ちがなかったわけではないが、それ以上どうすることもできないので、「そ、それならやめておこう」と私は言った。

内心では「あとで自分でしよう」と考えていた。しかし彼女から謎に感動され、とても戸惑った。「そんなふうに言われたのは初めて」と言っていた。「不機嫌になられると思った」とも言っていた。性的な経験に乏しかった私は彼女がなぜそんなことを言っているのかイマイチ理解できず、「そういうものなのかな？」と思っただけであまり深くは考えなかった。

私はその後、桃山商事の活動を続けるにつれあの時彼女が言ったことの意味が少しだけわかるようになった。女性たちの語る恋バナには、生理を理由にセックスを拒まれた際に機嫌を損ねてしまう男性がしばしば登場する。彼氏から「じゃあ口でして」と横暴な要求をされたという話も少なくないし、相手に気を遣って自らそれを申し出てしまう自分に嫌気がさすという女性も一定数いる。

こういった経験を経て、我々の中には「俺たちは生理のことをあまりに知らなすぎるのではないか」という認識が生まれた。生理に無知な男性が女の人たちからどう見えているのかを想像するとゾッとした気分になり、基礎的なところから学ぶ必要性を痛感した。そして桃山商事のポッドキャスト番組で「男子が学ぶ生理のはなし」という企画を立て、男性たちに取材をしたり、自分たちの体験を振り返ったりしながらこの問題について考えた。

これらの取り組みを通して見えてきたのは、多くの男性が抱いている生理のイメージが、「セックス」もしくは「女性の不機嫌」に関わることに偏っているということだった。

## 腹痛、腰痛、貧血、うつ症状……人によって異なる生理の影響

「生理についてどんなイメージを持っているか」という質問に対し、男性たちから得られた回答は正直言ってかなりひどいものだった。最も多かったのは「セックスできない日」と「女性が不機嫌になる日」という答えだった。他にも「女子社員に頼みごとがしづらくて困る」「彼女が旅行中に生理になって行動範囲が狭まった」という声もあったし、中には「どうせセックスを断るための言い訳でしょ?」「俺は血とかついても気にしない」「中で出しても大丈夫な日」という目を覆いたくなるような回答もあった。

あの時の女性も、このような体験をたくさんしていたのだろうか。しかし私も他人事ではいられない。特に学生時代や20代の頃は、生理に関して知識ゼロのまま女性と接していた。旅行中に生理になった恋人を長時間歩かせ、体調を悪化させてしまったこともあった。無知や無理解によって身近な女の人たちに負担やストレスを与えてしまったことは一度や二度じゃないと思う。身体的に月経を経験したことのない我々にとって、生理と直面するシーンが限定的になってしまうのもある程度は仕方ないことなのかもしれないが、当然ながら生理はセックスと不機嫌だけに関わるものでは決してない。

『月経のはなし――歴史・行動・メカニズム』（武谷雄二著、２０１２年、中公新書）によれば、月経とは「妊娠の準備状態を作り出すために起こる生理現象」であり、より狭義には「子宮内膜からの周期的出血」のことを指す言葉だ。「生理」とはこれを婉曲的に表現したものだが、生理現象は「生命を営むことに伴って生物体に生じる諸現象」のことであり、呼吸や排泄、睡眠や代謝、咳やくしゃみ、あくび、まばたき、発汗、しゃっくり、げっぷ、嘔吐、おなら、勃起……などがそれに当たる。

月経の詳細なメカニズムに関してはぜひこの本を読んでもらえたらと思うが、妊娠の準備状態を作り出すために体内のホルモン環境がくるくる変動し、それに伴って女性たちの心身には様々な変化が生じるという。また、妊娠が成立しなければ厚みを増した子宮内膜が体外へ排出され、その際に子宮内の筋肉がギューッと収縮して痛みや重みが発生する。

その影響は非常に個人差が大きく、腹痛や腰痛、頭痛や発熱、下痢や貧血、さらにはイライラやうつ症状など、身体的・精神的な影響が出るという人もいれば、逆に痛みがほとんどない人もいる。同じ人であっても常に一定の症状が現れるというわけではなく、また月経そのもの以外にも、人によっては「ＰＭＳ（月経前症候群）」や「ＰＭＤＤ（月経前不快気分障害）」のほうがつらいというケースもあり、一概にこうと言えるものではないそうだ。

生理が脳、子宮、卵巣という広範囲の部位が連携して妊娠の準備状態を作り出すためのサイクルであり、環境やストレスなど外的要因の影響を受けやすいとても繊細なものであることを思うと、「セックスできない日」「女性が不機嫌になる日」という認識がいかに横暴なものであるかを痛感させられる。それは無知で済まされるどころか、具体的な迷惑やストレスを与えかねない実害的なものとすら言える。はたして俺たちはこのままでいいのだろうか。

## 「個人モデル」から「社会モデル」へ

毎月1回×平均5日×約42年＝2500日を占める、男女最大の格差——。『月経のはなし』の帯にはこんなコピーがある。呼吸も代謝もおならもまばたきも、大体の生理現象は女性と男性でそう変わらない。しかし月経だけは異なる。あまりに違いすぎる。まさに「男女最大の格差」と言える。

ここで「格差」という言葉が使われているのは、女性が社会的に不利を被る機会が多いからだ。月経には多くの国で不当な差別や偏見を受けてきた歴史があるし、日本では低用量ピル（経口避妊薬）の認可に40年近い年月がかかっている（ちなみにバイアグラはわずか半年で認可され、当時多くの女性から怒りの声が上がったそうだ）。

生理用品は生活必需品であるにもかかわらず、コンビニやドラッグストアで購入するとなぜか紙袋に入れて提供されるという謎の慣習があるし（女性たちが多様な生理ケアを選択できる社会を目指す「#NoBagForMe」というプロジェクトも広がっている）、ほとんどの会社では生理による体調不良を念頭に置いた上でシステムやスケジュールが組まれることなどまずなく、そこで生じる無理や齟齬《そご》は女性の〝自己責任〟として押しつけられているのが現状だ（生理休暇というものもあるが、厚生労働省の調査によると平成26年4月1日から平成27年3月31日までの間に生理休暇を請求した女性労働者は0・9％であり、実質的には名ばかりの制度になってしまっている）。

こういった不利や偏見の原因は生理そのものにあるのだろうか。答えはどう考えてもNOであり、これらを生み出している原因は間違いなく社会の側にある。

脳性まひの身体を持ち、「当事者研究」という分野を切り開く東京大学先端科学技術研究センター准教授の熊谷晋一郎《くまがやしんいちろう》さんは、論文や講演でたびたび「個人モデル」と「社会モデル」という概念を紹介している。いわく、「障害を持つ個人のほうが社会に合わせて変わるべきだ」と考えるのが個人モデルで、「障害とはその人と環境の間に発生するもので、多様な人たちを包摂するよう社会のほうが変わるべきだ」と考えるのが社会モデルとなる。私はこの考えにとても感銘を受けた。

環境設計によって障害を解消していく「バリアフリー」は社会モデルの一例だが、生理にまつわる不利や不都合もこちらのモデルで考えていくべき問題ではないだろうか。しかし、悲しいかな現状では個人モデル的な捉え方になってしまっている。会社のシステムやスケジュールに女性側が合わせなければならない状況などはまさにそれだ。さらにこの社会ではルールや制度を作る立場にいる人間が男性ばかりだし、身近にいる男性たちも生理に対する理解度が低い。生理にとって、男性の無知や無理解はとても大きな障壁なのだ。

男性が月経を体感的に理解することはどこまで行っても不可能だと思うが、メカニズムを学んだり、女性たちから話を聞いて一人ひとりの違いを理解したり、想像力を駆使しながらコミュニケーションを取ったりすることは十分にできる。知識を学ぶことはもちろん大切だが、最終的には目の前にいる個々人の話に耳を傾け、要望や要求に対してできる限り柔軟に対応していくしかないだろう（手助けすればいいというものではなく、適度に放っておいて欲しいと望む人も当然いる）。

我々が女性たちのよき隣人になれれば生理にまつわる不利や不都合は着実に減っていく。生存のために必要な生理現象がマイナスになってしまう社会などディストピア以外の何ものでもない。

## doing偏重社会に生きる私たちに突きつけられた〝ミラー小説〟

### 1行1行から著者の怒りがにじみ出る凄まじい小説

2016年に東大生5人が起こした強制わいせつ事件をモチーフにした小説『彼女は頭が悪いから』(姫野カオルコ)は、実に473ページにも及ぶ長編作品だ。ひとりの女子大学生に大量の酒を飲ませ、マンションの一室に連れ込んで暴行を加えたというこの事件は、2003年に集団強姦事件を起こした早稲田大学のサークル「スーパーフリー」を想起させるものでもあったし、また同時期に慶應大学や千葉大医学部の学生が相次いで同様の事件を起こしたこともあって、当時大きな話題となった。

どれも「酒を飲ませて暴行を働く」という点では共通している。しかし、他の事件がセックスを目的としていたのに対し、東大生の起こした一件で性行為そのものは行われていない。彼らが働いたのは「女子大学生を集団でいたぶり、おもちゃのように扱って盛り上がる」という行為だった。

なぜ、このようなことが起こってしまったのか。姫野さんは苛烈な怒りを腹の底に抱えながら事件の背景にあったものを丹念に——というより〝執拗に〟と呼ぶべきレベルで細かく描き出していく。焦点の当て方も特徴的で、ほとんどの部分が被害者と加害者の生い立ちや日常の描写に割かれている。4章構成になっているこの長編小説において、事件当日の出来事を扱ったのは最後の第4章のみだ。

夕食にはすこし遅めの20時から、20代前半の7人が集まった。ほんの数時間であった。だが、できごとは、数年かかっておきたといえる。

とくにどうということのない日常の数年が、不運な背景となったといえる。

プロローグにはこんな一節がある。被害者となった女性はどのような家庭で育ち、どんな性格で、どんな毎日を過ごしてきたのか。友達はどんな人で、どんな恋愛を経験し、どのような気持ちであの飲み会に向かったのか。そして、加害者たちは。

姫野さんは事件後、裁判傍聴にも通いながら時間をかけてこの作品を書き上げたという。報道や裁判で公になっている事実を柱とし、その間を想像力で埋めていくようにして書かれた本作は、1行1行から著者の怒りがにじみ出ている。それはそれはものすごい怒りに感じられる。読書中、その凄まじい迫力にひたすら圧倒され続けた。

## 成功への最短ルートを進む〝ハイパーdoing人間〟

人間を表す英語に「human being」がある。beingとは〝存在〟のことで、今ここにいて、何かを感じながら生きている人間を指して「human being」と表記する。しかし、人間を表す単語には実はもうひとつある。それは「human doing」だ。doingとは〝行為〟のことで、何かを行い、その結果として得たものの総体として人間を捉える言葉が「human doing」となる。

私はこのふたつの区別が大事だと思っている。なぜならこの社会は、圧倒的にdoingを重視する世界だからだ。何をするのか、何ができるのか、何を持っているのか。現代社会はそんな眼差しで私たち人間の価値を計ってくる。この社会に生きていると、成績や偏差値、属性や肩書き、収入やフォロワー数などといった要素と無縁でいることはとても難しい。

beingに明確な目的はないが（強いて言えば存在し続けることが目的？）、doingには目的がある。それは「勝利」「成功」「達成」「攻略」などといったもので、doing重視の世界では、そこに至る最短のルートを最も合理的な方法で進んでいくことが志向される。小説に登場する東大生たちはまさに〝ハイパーdoing人間〟とも言うべき人たちで、社会が提示する価値観やルールを的確に理解し、勝利や成功のために必要なカリキュラムを効率的かつ精力的にこなしていく。

加害者となった東大生たちは〝全能感〟がもたらす快楽に酔いしれ、「偏差値の低い女子大」に通う被害者を徹底的にいたぶった。「自分たちにはその権利がある」と言わんばかりの態度で残忍な行為をくり広げる様は、本当に醜悪だ。その結果5人とも逮捕されるに至るわけだが、どういうわけか世間では、「東大生というブランド目当てに近づいた〝勘違い女〟が将来有望な若者たちの人生を台なしにした」と被害者がバッシングされることになった。

「勘違い。勘違いとはなにか？」と、姫野さんは冒頭で怒りを押し殺すように書いている。自分も思う。なぜ被害者が叩かれなきゃいけないのか、その理不尽さにわなわなする。しかし、同じdoingの世界に生きる私たちは、彼らのすごさがリアリティを持って想像できてしまう。

自分たちが受けたテストで、遥か上にいたすごい人たち。自分たちが諦めてしまったところを、軽々と乗り越えていったすごい人たち。才能や資質に恵まれながらも努力を惜しまず、激しい競争を勝ち抜いていったすごい人たち。そんなふうに、彼らが積み上げてきたdoingのすごさが想像できてしまう。だから「台なし」という言葉が出てくるのではないか。この事件だけでなく、有名人やエリート官僚が性暴力やセクハラ問題で失脚した時にもしばしば同様のバッシングが起こるが、根底にはこういったdoing重視の価値観があるような気がしてならない。

## 被害者は東大生の将来をダメにした「勘違い女」なのか

と、この事件はどうしても「東大生」という部分に注目してしまいがちだが、本作の主人公は被害者となった女子大学生の神立《かんだつ》美咲《みさき》だ。物語は事件の8年前、まだ美咲が中学1年生だった時点からスタートする。ファッション雑誌の記事に胸をときめかせたり、学校の友達とキャッキャと笑い合ったり、家族のご飯を作ったり、他校の男子生徒とデートしたり、ランチの時にダイエットを気にしたり……そういう他愛もない人生のひとコマひとコマが淡々と描かれていく。

もちろんフィクションなので、実際の被害者とどのくらいシンクロしているかはわからない。しかし、美咲はくり返し「ふつう」という言葉で形容されているが、被害者はどこにでもいるごく普通の女の子だったのだと、美咲を徹底的に〝人間として扱う〟ことが姫野さんの怒りの表明だったのではないか。

美咲は確かに平凡な女子大学生かもしれない。難関と呼ばれる学校に通っているわけではないし、グループにいても目立つポジションでもない。全体的に受け身で、人目を引くような大きな胸をしているが、自己評価は低く、恋愛経験に乏しい。

そんな、どこにでもいそうな「ふつう」の女の子が、いつか白馬の王子様が現れることを夢見て何が悪いのか。夢見たようなシチュエーションが現実に訪れ、恋に落ちた相手と流れに身を任せてホテルへ行ったとして、何が悪いのか。出会った相手がたまたま東大生で、その頭の良さに尊敬の眼差しを向けたとして、何がおかしいのか。好きな人に嫌われることを恐れ、相手の無茶な要求に応えようとしたことの、何がおかしいのか。それがなぜ東大生ブランドという目当の「下心」になってしまうのか。大量の酒を飲まされ、「ネタ枠」としておもちゃのように扱われた美咲が、なぜ東大生の将来をダメにした「勘違い女」になってしまうのか。勘違い。勘違いとは何か？

姫野さんは美咲のbeingを徹底的に描くことで、このような問いを加害者や加害者の親や被害者バッシングをした世間に対して激しく突きつける。しかし、悲しいかな加害者や加害者の親たちには響かないだろうという絶望も同時に描いている。なぜなら「内省」や「感情の言語化」といった行為は、彼らにとってコスパが悪く、無駄なことだからだ。では、同じdoingの世界に生きる私たちは、これをどう受け止めるのか。

自著について語るインタビューで、姫野さんは本作を〝ミラー小説〟と呼んでいた。読む者の価値観をあぶり出してしまう恐ろしい鏡。そこに映る自分の姿を、私たちはどのように見つめるのか。可視化や定量化のできるdoingばかりに囚われ、他者のbeingを、そして自分のbeingすらも疎かにしがちな私たちは、そんな自分の姿をはたして直視することができるのか。そんな問いを突きつけてくる凄まじい小説だった。

## 「子どもを産まなかったほうが問題」は失言ではない。現政権の本音だ

### お正月の一家団らんの中で抱いた違和感

2020年の正月は横浜にある妹夫婦の家で過ごした。姪っ子と甥っ子、義理の弟の父母姉、そして私の両親と我々夫婦、昨年の秋に産まれたばかりの双子たちが揃い、とても賑やかな集まりとなった。台所では私の母親と妹がお雑煮を作っている。妹の夫のお姉さんは姪っ子や甥っ子の遊び相手をしていて、お母さんは妻と共に双子たちを見てくれている。私は他の男性たちと一緒に、テーブルでお寿司とおせちをつつきながらビールを飲んでいる。

みんなが笑い、特に子どもたちは大はしゃぎだ。私も楽しい……確かに楽しいのだけれど、「自分はこうしてていいのか」とうっすら居心地の悪さも感じている。これは家

族の幸福な団らんなのか、それともジェンダーの呪縛に満ちた光景なのか。

2020年1月、上智大学の三浦まり教授らが主宰する「公的発言におけるジェンダー差別を許さない会」が〝ワースト発言ランキング〟を発表した。これは2019年に政治家たちから飛び出たジェンダーに関わる問題発言の中から、とりわけ注目を集めた8つをノミネートし、ウェブ投票（総数7593票）によってワースト発言を選ぼうという主旨のランキングだ。栄えある（？）1位に選ばれたのは、麻生太郎副総理兼財務大臣のこの発言だった。

（日本人の平均寿命が延びたのは）いいことじゃないですか。素晴らしいことですよ。いかにも年寄りが悪いみたいなことを言っている変なのがいっぱいいるけど間違ってますよ。子どもを産まなかったほうが問題なんだから。

（2019年2月3日、福岡県で行われた国政報告会にて）

少子高齢化に伴って社会保障費が増えていることを問題視する文脈の中で発せられたこの発言は、「女性蔑視」「人権意識に欠ける」「政治家としての責任放棄だ」など様々な批判が起こり、国会の場で発言を撤回するに至った（かたちばかりではあったが）。

もっとも、麻生大臣のジェンダー観が絶望的なのは今にはじまったことではない。2014年にもまったく同じ内容の発言で批判を浴び、「誤解を招いた」と釈明しているし、2018年には女性記者へのセクハラ問題で辞任した福田淳一前財務事務次官を「セクハラ罪という罪はない」と擁護し、波紋を呼んだ。30年以上前にも選挙演説で「婦人に参政権を与えたのが最大の失敗だった」という衝撃発言をしている。

麻生大臣に限らず、政治家という権力や影響力を持った立場の人間がこのような発言をするのは大問題だ。こうやって〝ワースト発言ランキング〟としてまとめ直し、世間に提示することは、問題発言を風化させないためにも非常に大事なアクションだろう。

またこれらは、政治家たちの思想信条を読み解く上でとても役立つ資料となってくれる。今回ノミネートされた8つの発言のうち、7つは与党である自民党の議員、ひとつは野党である国民民主党の議員によるものだった。自民党議員の中には安倍晋三総理大臣や萩生田光一文部科学大臣なども含まれている。

具体的にどんな発言があったかはウェブサイトを参照していただけたらと思うが（2017年と2018年も合わせてご参照ください）、ここから読み解けるのは概ねこのようなイメージだ。いわく、子を産み育てることが女性の役割であって、仕事や社会進出はほどほどにするべきだ。バリバリ働いて妻子を養うことが男の仕事で、多少のヤンチャは許してやって欲しい。また、子どもを作れない同性婚は公的にバックアップする必要はない――。

これを聞いて、どう感じるだろうか。

「あはは、ずいぶんと時代錯誤なジェンダー観だな～」と一笑に付せたらどんなにいいかと思うが……とんでもない。これは過去ではなく未来の話、つまり現政権が導こうとしている日本の〝グランドデザイン〟なのだ。

## 「個人として」と「人として」は何が違うのか

確かに政権与党は「女性活躍」を謳い、「ＬＧＢＴ（性的少数者）への理解増進」を目的とした法案なども推し進めてはいる。また、ここ数年お題目のように唱えられている「働き方改革」も大事な政策だろう。それが当事者たちの困りごとを改善し、ジェンダー格差を是正するためのものであるならば粛々と進めて欲しいと思う。しかし一方で、自民党が2012年に発表した「日本国憲法改正草案」を読むと、本音の部分ではそれと正反対のことを考えているようにしか思えない文言がそこかしこに記載されている。

憲法は「国の最高法規」と呼ばれるが、平たく言えば「国をどういうふうに治め、国の仕事をどういうふうにやってゆくかということをきめた、いちばん根本になっている規則」（『あたらしい憲法のはなし』より引用）となる。この国の主権者である我々国民が、「国の仕事」に従事する政治家や公務員に対して課したルールとも言える（それとは逆方向に、国民が守るべきルールが法律だ）。

現在の日本国憲法は「国民主権」「戦争放棄」「基本的人権の尊重」が三原則となっている。ところが自民党の改正草案では、「まえがき」にあたる前文の主語から変わっているのだ。日本国憲法では「日本国民は」と始まるかたちで主権在民を宣言しているのに対し、改正草案では「日本国は」と国が主語になっている。まるで憲法の方向を「国↓国民」に反転させようとしているかのように思える変更点だ。

また、日本国憲法の第13条では「全て国民は、個人として尊重される」と謳われているが、改正草案では「すべて国民は、人として尊重される」となっており、「個」の一文字が削除されている。個人とは「individual」の訳語で、「divide（分ける）」に否定の接頭辞「in」がついたもの、すなわち「それ以上分けられない社会の最小単位」を表す言葉だ。私たちは個人として生まれながらに様々な権利（＝基本的人権）を有し、誰もこれを侵してはならないというのが憲法の基本理念なのだが、ここから「個」がはぎ取られているのは決して些細なことではなく、むしろとてつもなく大きな変化に感じる。

改正草案を読むに、自民党は個人ではなく家族を最小単位とする社会の構築を夢想している。男性を家長とする小さなピラミッドの連なりが、天皇を元首（改正草案第1条より）とする日本国を構成する……。そのためには国が介入できない個人でいられては困るのかもしれない。「国家」という言葉が表すように、彼らにとって国はひとつの〝家族〟なのだ。

その家族には上意下達の権力構造があり、男女の役割分担（家父長制）があり、次世代の再生産というノルマが与えられる。人権とは義務を果たした者にのみ与えられるもので、家族の問題は基本、家族の中で解決すべきである――。こういう世界を作りたがっているのが政権与党の面々だとすると、ワーストランキングにノミネートされた発言の数々が妙にリアリティを帯びてはこないだろうか？　あれらは〝失言〟なんかじゃなくて、目指している世界観にのっとった〝本音〟ではないだろうか。

正月の家族団らんは確かに楽しい時間だった。4人の孫に囲まれ、うちの両親も幸せそうだった。母や妹はよろこんで台所に立ち、「あんたたちは座ってビールでも飲んでて」と言っていた。でもなぜ、料理やケア役割が当たり前のように〝女の仕事〟となっているのだろうか。なぜ、男たちはそのアンバランスな状況の中でくつろげてしまえるのだろうか。

そこに根づいている感覚は、あの政治家たちの問題発言と確実に地続きだ。男女に固定化した役割を与え、能力や成果でその価値をはかり、個人の願望や欲求をわがままと見なして尊重せず、国益に貢献することを是とする〝美しい国〟のルール。そういうものにじわじわ絡め取られていくような違和感こそ、あの時感じた居心地の悪さの正体だったのかもしれない。

私は「個人」をなくしたい現政権が作ろうとしている世界に恐怖と嫌悪感を抱いている。2021年に延期された東京五輪でJOC（日本オリンピック委員会）が掲げている「全員団結」というスローガンにも抵抗感しかない。改憲の是非を問う国民投票が実施されるのも遠い未来の話ではないかもしれないのだ。

## 「夫婦別姓は犯罪が増える」というトンデモ発言は〝男性特権〟が生んだ無知の末路

### 「選択的夫婦別姓は犯罪が増える」という根拠なき主張

２０２０年３月、愛媛県議会で自民党の森高康行議員（62）が「選択的夫婦別姓は犯罪が増えるのではないか」と発言し、物議を醸した。これは議会に提出された選択的夫婦別姓の採択をめぐる一幕で飛び出た発言だ。制度の導入に反対するのはもちろん自由だと思う。しかし、「事実婚に起因した虐待や殺人などがニュースで目につくことが多いと感じる」ことを理由に選択的夫婦別姓と犯罪増加を結びつけたこの発言は完全無欠の差別だし、これをとりわけ問題視しなかった県議会含め、絶望しかない。

日本社会は現状、結婚した夫婦は同じ姓を名乗らなければならない「夫婦同姓」が原則となっている。その根拠となっているのが「夫婦は、婚姻の際に定めるところに従い、夫又は妻の氏を称する」と定めた民法750条だ。「夫又は妻の氏を」とあるように、建前上はどちらの名字を選んでもいいことになっている。しかし、厚生労働省の統計（2016年人口動態統計特殊報告「婚姻に関する統計」）によれば結婚した女性の96％が夫の名字に変更しており、内実には圧倒的な偏りがあるのが現状だ（ちなみに日本は「夫婦同姓は差別的」という理由でこれまで国連の女子差別撤廃委員会から是正勧告を3度も受けている）。

選択的夫婦別姓とは、別姓を望む人たちに別姓という選択肢を可能にするというものだ。同姓にしたい夫婦はこれまで通り同姓を選べばいい。名字を変えたくない人が泣く泣く変更することもなくなる。これに反対する論理的な理由はひとつも見当たらないはずだ。実際、2020年に行われた朝日新聞のアンケート調査では69％が、西日本新聞の調査では約8割が選択的夫婦別姓の導入に賛成と答えている。

しかし現実はどうだろう。すでに1996年には法務省の法制審議会が選択的夫婦別姓を盛り込んだ民法の改正案を提出しているが、今日に至るまで実現はなされていない。

選択的夫婦別姓の導入に反対しているのは主に自民党の議員だ。安倍首相もかつて「夫婦別姓は家族の解体を意味する」と雑誌『ＷｉＬＬ』（ワック）の対談で発言している

（2010年）。反対派は「家族の絆が壊れる」「日本の伝統が失われる」「両親の名字が違うと子どもがかわいそう」と口を揃えて主張する。2020年1月の衆議院本会議で選択的夫婦別姓が話題になった際には、自民党の女性議員（杉田水脈《みお》議員と見られている）から「だったら結婚しなければいい」というヤジも飛んだ。「犯罪が増える」もそうだが、反対派の意見はことごとく情緒的で根拠に欠ける。これで法律をめぐる議論が成立するのか甚だ疑問だ。

## 「考えなくて済む」という〝男性特権〟

私は個人的に、一刻も早く選択的夫婦別姓が実現して欲しいと考えている。しかし、私自身は夫婦同姓で結婚している。しかも妻が「清田」姓に変更するかたちでだ。言ってることとやってることが矛盾しているような気もする。このトピックに関しては語りづらさを感じる部分が正直ある。

結婚しようという話になった当初、私は夫婦別姓を希望していた。そのためには事実婚というかたちを取る必要があったが、これは母親や妹から猛反発を食らった。そして恋人と話し合いをしたところ、「私も名字に愛着がないわけではないが、変えることにそこまで抵抗はないので、だったら夫婦同姓で結婚というかたちにしようか」となった。特に大きな問題も起こらず、スーッと決着がついてしまった。

正直なところ、私はこれまで自分の姓が変わるという発想をしたことがほとんどなかった。子供の頃に「両親が離婚したら母親の旧姓になるのかな」と考えたことはあったが、結婚によって別の名字になるなんて思ったこともなかった。これはまぎれもなく〝男性特権〟のひとつだろう。

特権と言うと物々しく感じるが、それは例えば「考えなくても済む」とか「やらなくても許される」とか「そういうふうになっている」とか、意識や判断が介在するもっと手前のところの、環境や習慣、常識やシステムといったものに溶け込むかたちで偏在しており、その存在に気づくことなく享受できてしまう恐ろしいものだ。

私は文芸誌『すばる』2020年4月号に寄稿した「生まれたからにはまだ死ねない」というエッセイ（本書収録）の中で男性特権についてこのように書いた。名字変更について考えなくても済んでしまっている。利益を得ている自覚はなくともその時点ですでに特権なのだ。

選択的夫婦別姓について考えることは、男性特権について考えることにもつながる。考えなくて済むということは知らずに済んでしまうということだ。しかしそれは、言い換えれば「無知」ということでもある。はたして俺たちは無知のままでいいのだろうか。

民法の改正が国会で判断されるものである以上、選択的夫婦別姓が実現されるためには賛成する国会議員を増やすしかない。反対派の安倍政権が続く限り道は険しいと言わざるを得ないが、野党はくり返し民法改正案を提出しているし、国会の外でもさまざまな運動が起こっている。

同姓にしたい人は同姓に、別姓にしたい人は別姓にできるわけで、望まないかたちでの結婚は確実に減る。私の知人には、一度同姓婚をしたものの、アイデンティティを奪われた気持ちになったため、形式的に離婚という形式をとって旧姓に戻り、パートナーシップがより固まったという女性もいる。望まないかたちでの結婚が減るとなると、理屈で考えれば家族の絆は全体としてむしろ強まることになる。反対派による反論にはつくづく理はない。

選択的夫婦別姓が実現しないのはおそらく、反対派の抵抗もさることながら、この問題に関心を寄せる人が増えないというのも大きいはずだ。その〝無関心な国民〟の大部分を構成しているのは「考えなくても済む」という特権を持っている俺たち男かもしれない。背景には既存のシステムに乗っかって生きることの楽チンさがある。でも、それを続けている限り俺たちは無知のままだ。

考えずに済んでいることを改めて考えるのは確かに大変だ。しかも、知れば知るほど知らなきゃいけないことが増えていき、面倒は確実に増す。しかし、無知のまま生きるよりよっぽどマシではないだろうか。「選択的夫婦別姓は犯罪が増える」という愛媛県議員の発言は、男性特権が生んだ無知の末路だと私には思えて仕方ない。そんな人間にだけは絶対になりたくない。

# 5

## 加害者性に苦しむ男たち

——抑圧と孤独

## 女性の恋愛相談を聞きまくった結果、過剰に抑圧されるようになった私の性欲

### 「性欲」を因数分解してみると

性欲とはいったいなんなのだろうか。俗に〝三大欲求〟とか〝本能〟とか言われるわりに、睡眠欲（＝寝たい）や食欲（＝食べたい）に比べてずいぶんつかみどころのない欲求に感じないだろうか。実際、性欲だけ個体の生存に直接的な関係がないことから、代わりに「排泄欲」を三大欲求に数える説もあるが、何に対するどういう気持ちを性欲と呼ぶのか、考えれば考えるほどよくわからなくなってくる。

誰かに対して「セックスしてみたい」という思いがわき起こったとする。で、はたしてそれは性欲なのだろうか。「いや性欲でしょ」と即答されたら返す言葉もないが、個人的には違和感がある。その時の気持ちをより細かく見てみると、そこには、

・身体に触れたい
・受け入れてもらいたい
・許されたい
・さみしい気持ちをどうにかしたい
・射精したい
・エロい気分になりたい
・相手を思い通りにしたい
・相手の思い通りにされたい
・今まで見たことのない顔を見てみたい
・相手と一体になりたい

……などなど、様々な感情や欲望が入り混じっているような気がしてならない。それらは性欲のひと言で片づけられるものなのだろうか。

どれも切実な気持ちではあると思う。「受け入れてもらいたい」という思いも、「射精したい」という気持ちも、手触りのある欲求として想起できる。ただ、これらの中には「セックス」という手段を取らなくても満たせるようなものも結構あるのではないか、と感じている。例えば私は30代になってから「お茶をする」という習慣が身についたのだが、知人や友人と主に一対一で、近況報告や身の上話、悩み相談や意見交換など、じっくり語らいながらコミュニケーションを取るという行為の中で、先に挙げた気持ちのいくつかが満たされた感覚があった。

お茶をする。言葉としての響きはとてもライトだが、時にそれは深い共感や心地良さをもたらすものだと感じている。思いがけず自己開示ができたり、自分と相手の間に一体感が生まれたり。気心の知れた間柄であっても、お互いの話を的確に理解するためには繊細なコミュニケーションが必要だし、互いに影響を与え合うことで、その時間の意味が心身に刻み込まれることにもなる。そこには刺激も興奮も安心感もあるし、それによってさみしさは埋まり、他者から認められたいという気持ちも満たされる。桃山商事ではこれを「コミュニケーション・オーガズム」と呼んでいるのだが、お茶しながらのおしゃべりでこんな気分になれるなんて、わりとすごいことではないだろうか。

この習慣が身についていて以来、私には「女友達」という存在が飛躍的に増えた。それと同時に、「性欲に振りまわされる」ということも減ったように感じる。それはおそらく、かつて自分が性欲だと思っていたものの中に含まれていた多くの感情や欲望が、お茶をすることでかなり満たされたからだ。

## 進む〝性欲離れ〟とそのメカニズム

しかし、それでもなお満たされないものが残る。私にとっておそらくこれが狭い意味での〝性欲〟になるのだと思うが、それは「性的な興奮を味わいたい」という気持ちだ。性的な興奮。これまた言葉で表現するのが難しいものだが、端的に言えば「勃起を伴うドキドキ」となるような気がしている（あくまで自分の場合、ですが）。なんというか、頭と心がギンギンな状態になり、全身に得体の知れないエネルギーが満ちあふれ、女の人とエロいことをトゥギャザーしたいという強い気持ちがわき起こってくる。

こういう感じは、さすがにお茶をすることでは得られない。というか、むしろ「勃起を伴うドキドキ」は女友達とおしゃべりを楽しむにあたっては邪魔なものですらある。こんな気持ちを抱えたままでは会話に集中できないし、ひとたびそれが目的になってしまうと、コミュニケーションがどこか誘導的になり、目の前にいる相手の言葉をしっかり理解し、文脈に沿ってリアクションしていくことから離れてしまうからだ。

そして今、私の人生は結構な〝性欲離れ〟を起こしている。具体的には自慰行為の回数が以前よりかなり減ったし（20代の頃は週2～3回あったのが今では週に1度あるかないか程度）、結婚4年目にして夫婦生活もなかなかに控え目だ。私は現在アラフォーで、加齢による性欲の衰えと言われればそれまでかもしれないが、自分の実感としては、

（1）お茶をすることで様々な欲が満たされている

（2）桃山商事の活動を通じて「性的な興奮」に罪悪感や加害意識を抱くようになり、それを過剰に抑圧している

という、大きく分けてふたつの理由があるのではないかと考えている。

（1）のメカニズムは先に挙げた通りだが、（2）はどうなのか。「失恋ホスト」で女性たちから聞くのは片想いや失恋の話、相手との不和や性暴力の体験など多岐に渡るわけだが、そこに登場する男性たちの話を聞くにつれ、「悪いのはすべて男なんじゃないか」

「男らしさとはいったい……」「男社会ってちょっとヤバいんじゃない？」「でも自分自身も男なわけで……」など、社会や個人の中に根深く息づく〝男性性〟というものを疑問視するようになった。

## どうして自分は〝熟女モノ〟ばかり好むのだろう？

拙著『よかれと思ってやったのに』もそういった問題意識から生まれた本だが、私は男性性の問題を考える中で「性欲」にまつわる暴力性や加害性を意識するようになっていった。

先に述べたように、性的な興奮は心身に得体の知れないエネルギーをもたらし、しばしば謎の行動力を生み出す。また、そこには身体的な気持ち良さが伴うし、ストレスや孤独感を忘れさせてくれたりもする。自慰行為でもそれなりの快感を得ることができるし、ましてや好きな人とのセックスであれば、心身がものすごく満たされたような気になれることだってある。

だから性的興奮それ自体を否定したいわけではない。しかし、これまで桃山商事の活動を通じ、一夜を共にした途端に連絡が取れなくなった男の話とか、妊娠が発覚すると中絶費用の10万円を払っただけで「責任は果たした。もう連絡はしてこないで」と逃げていった男の話とか、痴漢や性暴力の被害に遭った女性たちの話とか、女性を外見で数値化してポイントを競うようにナンパに勤《いそ》しむ男たちの話とか……そういった話を浴びるように聞くうちに、すっかり「性欲」というものにネガティブなイメージを抱くようになってしまった。

さらに、小さい頃からかわいらしいものやポップなものを好み、自分自身もそうありたいと志向してきた私にとって、自分の中に宿る男性性はなんだかおぞましくて気持ちの悪いものでもあった。中1で陰毛が生えてきた時は毎日泣きながらカッターで剃っていたし、中3で初めて自慰行為をした時は、後悔と罪悪感のあまり使用したエロ本とティッシュを遠くの公園まで捨てに行った。

男子校に通っていた中高時代から20代前半にかけては、男らしさの規範に適応しようと己を奮い立たせていた部分も確かにあった。しかし大人になるにつれ、子供の頃から持っていた自己イメージの根強さと、お茶や失恋ホストの影響もあって、「性的興奮は悪いもの！」「自分には似合わないもの！」とばかりに〝性欲離れ〟がどんどん進行していったような感覚がある。

とはいえ、「性的な興奮を味わいたい」という気持ちが完全になくなったわけではない。これは友人に指摘されてハッとしたことなのだが、とりわけここ数年の自分の性的嗜好と改めて向き合ってみると、これまで述べてきたような葛藤や加害意識を上手に回避するようなかたちになっているのではないかということが判明した。

唐突に恥ずかしいことを告白するが、私が性的興奮を覚えるモチーフは「ファットな体型の40~50代女性」だ。正直、そういう女性が出てくる動画をちょくちょく見てしまう。この嗜好についてマジメに考えてみると、その背景にはおそらく、「自分よりも身体が大きい年上女性であれば、性的興奮に伴う加害意識が免責されるような気分になれる」という思い（=そういう女性なら自分の性欲を受け入れてくれるだろうというファンタジー）が存在しているように思えてならない。

豊満な熟女に抱かれてみたいだなんて、「偉そうにジェンダー問題とか語ってるけどお前も女性に幻想を抱く典型的なマザコンか！」という幻聴が聞こえるようで認めるのがつらいばかりだが……自分の中にはそういう性的嗜好が確実にあるし、友人いわく、これは自分の男性性に違和感を持っている男にありがちな傾向でもあるという。

だからなんだと言われてしまうと困るが……何が言いたいのかというと、自分自身の性欲のあり方を眺めてみるとおもしろいかも、ということだ。自分ならではの特徴が見えてきたり、他者との思いがけない共通点が発見できたり、多分そこには「スタンダード」なんてものはなく、人それぞれ違うかたちや背景があるのだろうと私は考えている。

1970年代から学校現場で性教育の問題に取り組み、『男子の性教育——柔らかな関係づくりのために』（2014年、大修館書店）などの著書もある村瀬幸浩さんの言葉を借りれば、「性欲は本能でなく文化」だという。本能なんだからみんな共通した認識やメカニズムがあるはずだというのは誤解で、人は同じ場所で育ったとしてもそれぞれ少しずつ違った文化を摂取しているわけで、「性欲」をひと括りになんてできない。

男性は性的な嗜好については饒舌に語るものの、それがどのように形成されていて、奥底にどんな欲望や願望が存在しているのか、そこまで掘り下げて語り合うことはあまりしない。きっと「男の性欲」だって人それぞれのはずだ。そんな話を、男性の友人や知人たちともお茶をしながらフランクに語り合ってみたい。

# 〝加害者性〟に苦しむ男たち

## ジェンダーにまつわる男子学生の苦悩

以前、東北地方の大学に通う男子学生（Sさん）からこのような相談を受けた。3年生である彼は登山サークルで幹部の役職に就いており、トレーニングのメニューを考えたり、人間関係を調整したりという職務を担っていた。

ある時、1年生の女子部員が練習中に足をひねり、歩行困難な状態になってしまった。部員の怪我対応も彼の担当であったため、その女子部員を車に乗せて病院まで付き添った。幸いにも怪我は足の筋を痛めた程度で済み、数回の通院で完治した。

ところがSさんは、この時の自分を「思い起こすのもおぞましい行動を取ってしまった」と振り返る。実際、この一件をきっかけに心を病み、その後2年間の休学を余儀なくされている。Sさんは一体、何をしてしまったのだろうか。

彼の所属する登山サークルは、メンバーのほとんどが男子だった。長い伝統があり、組織も活動もしっかりしていて、トレーニングもそれなりにハードだという。

そんなサークルの幹部として、Sさんは女子部員が怪我した一件を重く見ていた。というのも、練習のペースやメニューが男子前提になっていて、女子部員たちの体調や体力に対する配慮がなされていなかったかもしれないと考えたからだ。実際にSさんがヒアリングを行ったところ、怪我した女子部員は当日生理になっていて、身体が重く、少しめまいもするような状態にあったことがわかった。さらに、日頃の練習にも体力的なキツさを感じていた。大会が迫っていてトレーニングを欠席できなかったという事情はあるにせよ、男子前提で作られていた練習メニューが怪我を誘発してしまった可能性は否定できない。

聞けばSさんは以前よりフェミニズムの問題に関心を持ち、SNSを中心にジェンダー関連のニュースや言説に日々触れていた。そこでは社会におけるジェンダー構造の不均衡が指摘され、それらに異議を唱える声が盛んに飛び交っている。性差別的な広告表現や女性蔑視的な発言をした人が炎上することも日常茶飯事だ。

Sさんは数年前、かつて姉が親戚から性暴力を受けたものの、親戚づき合いというしがらみの中で曖昧なまま揉み消されてしまったという事実を初めて知った。そのことに深いショックと怒りを覚え、フェミニズムの問題に興味を持ちはじめた。そこからSNSなどで見識を深めていくことになるのだが、ジェンダー関連の言説に触れるうち、男性である自分を責めるマインドが芽生えていった。

桃山商事の元へ相談に訪れるのは9割以上が女性で、男性の身の上話を聞く機会は正直少ない。Sさんのように自ら話しに来てくれる男性は、ここ数年増加傾向にあるものの、数としては全体のごくわずかにすぎない。男性の話を聞く場合はこちらから取材をさせてもらうケースがほとんどだ。

男性の生きづらさを考えるとき、まず思い浮かぶのが「男性学」だ。社会学者の田中俊之さんは著書『男がつらいよ――絶望の時代の希望の男性学』(2015年、KADOKAWA)の中で、これを「男性が男性だからこそ抱えてしまう問題や悩みを対象とする学問」と説明している。長時間労働や稼ぎにまつわるプレッシャー、競争的なコミュニケーションや弱音を吐けない規範意識、生活能力の低さやライフコースの狭さ、孤独や暴力に接近しやすい構造など、そこでは男性たちを苦しめる様々な問題が指摘されている。私も男性としてそういった苦しみを抱くことがあるし、これはこれでケアや解決がなされるべきだと思う。

しかし一方で、男性性の問題を考える時に見逃せないのが「加害者」や「優遇されている側」としての側面だ。痴漢やセクハラ、ドメスティックバイオレンスや殺人など、暴力の絡む問題で加害者になるのは圧倒的に男性が多いし、男女の賃金格差や企業における役員の男女比率など、労働面において男性側に有利な構造も確実に存在している。日本にはこれまで女性の総理大臣はひとりもいないし、バラエティ番組などでは旧態依然としたジェンダーロールが再生産されているし、医大の入試で長年にわたって女子差別が行われていた問題も記憶に新しい。

桃山商事の元に自ら相談に訪れる男性は、そのほとんどが大学生から20代半ばという若い世代だ。恋愛や仕事や人間関係などイシューは様々だが、彼らの悩みを掘り下げていくと、「男性性に付随する加害者性」とでも呼ぶべき問題が横たわっていることに気づく。Sさんもそうだし、私自身にもその感覚は強く根づいている。拙著『よかれと思ってやったのに』でテーマにしたのも同様の問題だ。

サンプル数が多いわけではないので、これがどのくらい普遍性のある話なのかは正直わからない。ただ、恋愛相談や恋バナ収集の現場で話を聞く限りにおいては、ジェンダーの問題に意識的な男性ほど「男性性に付随する加害者性」に悩み、それが生きづらさにつながってしまうのではないか——という傾向の存在を感じる。だとするならば、その「加害者性」とはいったいどういうもので、何によって生まれているのか。Sさんのエピソードを中心にいくつかの事例を眺めながら考えてみたい。

## 「思い起こすのもおぞましい行動」とは

Sさんは自分の取った行動を「思い起こすのもおぞましい」という言葉で形容していた。なかなか過激な表現だと思うが……そこに関係してくるのが女子部員に対する「恋愛感情」だった。彼は後輩へのケアやヒアリングを通じ、「彼女の役に立てた」という自負心を持ったという。また、一連のコミュニケーションを通じ、彼女に対するほのかな好意の芽生えも感じたそうだ。しかしSさんは、ある一件を境にそういった気持ちに急ブレーキをかけることになる。

女子部員は怪我後、しばらく松葉杖が必要な生活を送ることになった。もちろんサークル活動には出られなくなったが、Sさんは救護担当の役職として、病院への送迎を申し出た。また、「困ったことがあったら言ってくれ」ということも伝えた。しかし彼女は「ありがとうございます。でも自分で病院に通えるので大丈夫です」と遠慮した。その時のことを彼はこう振り返る。

「思い起こすのもおぞましい話なんですが、僕は怪我をした女性に対し、どこか恋愛的な文脈で近づこうとしていたわけですよね。彼女の危機的な状況を救ったというヒロイズムのような気持ちを抱いていた部分も確実にありました。先輩と後輩という権力構造に乗っかった上、救護担当という役職まで利用しながら自分の恋愛的な欲望を密かに叶えようとしたわけです。おそらく彼女にはそういった魂胆が伝わっていたのだと思います。ヒアリングの時には味方になってくれた先輩が、次第に役職や権力構造を利用して自分に恋愛的な感情をぶつけるようになってきた。彼女からすると、あの時助けてくれたのもそういう目的だったのかとなるわけで、すごく気持ちの悪い話じゃないですか。そういう部分で深い絶望や失望を与えてしまったのではないか……」

このように、Sさんは深い後悔の念を抱えていた。「どう償えばいいかわからない」とも嘆いていた。これをきっかけに2年以上も自らを責め続けてきた彼に対し、「考えすぎでは？」などという言葉を投げかけることは絶対にできない。どう答えればいいのか、私たちとしても迷いながらのコミュニケーションが続いた。

聞かせてくれた話を総合すると、彼は自分が「セクハラ」のようなことをしでかしてしまったと認識していた。だが、本当にそうだろうか。サークルの幹部という立場や権力を利用して接近し、職務とは無関係の「恋愛感情」を向け、彼女に深い絶望を与えた。こういう筋書きで理解するなら確かにセクハラのように見えなくもないが、実際に彼が取った「行動」だけを取り出すと、トレーニング中に怪我した後輩を病院まで送り届け、その後ヒアリングを行い、女子部員たちに配慮した練習メニューに変更した——ということになる。これらは「幹部」や「救護担当」の職務の範囲内だろうし、その後の送迎の申し出も、どう厳しく見積もっても「職権乱用」などには当たらないだろう。

車の中で性的な関係を無理やり迫ったわけではないし、送迎の申し出も、彼女の「大丈夫です」という言葉を受けて速やかに取り下げている。さらに、彼は「深い絶望を与えてしまった」とくり返し述べていたが、これは実際に彼女がそう言ったわけではなく、あくまで自身の憶測にすぎない。

彼の取った行動はサークル幹部として適切なものだったし、どう考えてもセクハラには該当しないだろう。「おぞましい」と形容されるものでも決してないと思う。確かに「心の問題」を持ち出せば彼には下心があったのかもしれないし、彼女の中に警戒心や恐怖心が発生した可能性も否定はできない。でも、それを罪として問うことはおそらく不可能だ。なのでここではいったん「行動」と「心の問題」を切り分け、少なくとも客観的にはSさんの取った行動になんら落ち度はないと理解し、心の問題を持ち出してこれ以上自分を責め続けることはないのではないか——というのが私たちの出した結論だ。

もちろんSさんは後輩女性にほのかな恋愛感情を抱いていたわけで、送迎を遠慮されたことが「拒絶のサイン」と映り、ショックを受けてしまった部分はあるかもしれない。だとするとこれは「失恋の傷」なので、それはそれとして考えていくべき問題だろうという話になった。以上がSさんの相談の顛末だ。

## 男性たちの自己矛盾と自己嫌悪

先に私は、男性相談者の悩みの根底には「男性性に付随する加害者性」の問題が横たわっていると書いた。これはSさん以外にも当てはまる話で、例えば大学生の相談者M

さんは、恋人に対して時にモラハラのような行為をしてしまう自分に苦しんでいた。

大学で心理学やジェンダー学を学び、男性の威圧的な態度や侮蔑的な振る舞いが女性の心にどのような傷を与えるか、頭では理解しているはずなのに、恋人を議論で打ち負かしたい、恋人の行動をコントロールしたいといった欲望に駆られ、ひどい態度を取ってしまう。かと思えば、自分のすべてを受け入れて欲しい、罪悪感や加害意識の苦しみを癒やして欲しいという思いから、まるで赤子のように恋人に甘えてしまう自分にも嫌悪感を抱いていた。Mさんからは心理学やジェンダー学のタームで自身のことを説明しすぎているような印象を受け、そのあたりも気になる部分ではあったのだが、とにかく彼は「自己矛盾」というものに最も苦しんでいた。

知人から「上から目線な態度が気になる」と指摘されたことにショックを受けて相談に来た会社員のHさんは、ネットで「マンスプレイニング」という言葉を知り、まさに自分のことだと驚いたという。これは「man（男性）＋explaining（説明）」の造語で、女性に対して偉そうに説教する男性、上から目線で解説したがる男性のことを指す言葉だ。

Hさんの中には「知的に見られたい」「バカにされるのが怖い」という思いがあり、

それがマンスプレイニングしてしまっている背景にあるのではないかと語っていた。一方で、自分自身も会社の先輩から説教されることが多く、その上から目線な態度に辟易しており、自分が無自覚にその先輩と同じような態度を取ってしまっていることに恐怖を覚えていた。

その他にも、「はてなブックマーク」で性暴力関連の記事を大量に読んだ結果、男の性欲というものが野蛮で暴力的なものにしか思えなくなり、恋人ができたのにどうしてもセックスする気になれないという大学生のRさんや、暴力的な男性が心の底から嫌いなのに、部下を叱らなければならない立場になり、ダメ出ししたり問い詰めたりするたびに激しい自己嫌悪に陥り、そのストレスから飲酒の量が激増してしまったというIさんなど、加害者性に悩まされている男性の話を聞く機会がここ数年で一気に増えた。

Sさんが心を病むまで自分を責めてしまったのは、おそらく、姉に性暴力を働いた憎き親戚と同じ構造の何かが男性である自分の中にも宿っていると感じたからではないか。あれだけ嫌悪していた親戚と同じようなことをしてしまった。そういう気持ちが激しい自責の念につながっていったのではないかと、私には思えてならない。

私は中高6年間を男子校で過ごしたのだが、そこの教師たちがことごとく苦手だった

（好きな先生とは今でもたまに連絡を取り合う仲なのだが）。体育会系の校風で体罰は当たり前にあったし、生徒を規則に従わせることしか考えていないような先生ばかりで、本当に話が通じなかった。自分の中の「嫌いなおじさん像」は確実にその時代に形成されたもので、人の話を聞かないおじさん、清潔感のないおじさん、身内にだけ偉そうな内弁慶おじさんなど、「ああいうおじさんには絶対なりたくない！」というトラウマにも似た恐怖心を内面化した感覚がある。

しかし、女性たちの恋バナを大量に聞く中で、そこに登場する男性たちの言動があの嫌いなおじさんたちとかなり似通ったものであることに気づかされた。そしてそれは、恐ろしいことに自分自身も妻や恋人にしてしまったことのあるものだった。あれだけ嫌っていたおじさんたちと同じようなことを、自分も知らぬ間にやらかしてしまっていたという事実。私にとってこれは恐怖や絶望以外の何ものでもなかった。

恋愛や結婚という「密室」の中で甘えや油断や内弁慶を発揮し、目も当てられないような言動をくり広げる男性たちのエピソードと向き合い、鏡を見て身だしなみをチェックするように、自分の内面をしっかり点検すべきではないか。そんな思いで書いたのが『よかれと思ってやったのに』だった。なぜ男性たちがそういった言動をくり広げるのかについてはこの本で詳しく考察した。

Sさんたちが「加害者性」に悩まされた気持ちは痛いほどわかるし、これを新しい「男の生きづらさ」と言っていいのかはわからないが、今後ますます男性たちの間に広まっていく問題ではないかと思っている。

男性たちがジェンダーの問題に意識的になり、これまで気づかなかった性差別の構造に目を向けたり、男性が履かされている「下駄」や自らの踏んでしまっている足について自覚したりすることは、絶対に必要なことだ。ただ、そのプロセスで発生し得る「加害者性」にまつわる悩みや苦しみをどう考えればいいのかに関して、私はまだ明確な答えを持ち合わせていない。男性性の問題と向き合うほど加害者性に悩まされる一方、向き合わなければその苦しみを味わうことすらないかもしれないというジレンマもあり、ますますわからなくなる。

しかし、それでもやはりSさんは「考えすぎ」などでは絶対にないはずだ。彼が声をしぼり出すようにして聞かせてくれたエピソードは、男性性のこれからを考える上で重要なヒントとなるはずだ。

## 内面の孤独

モテてしまうことが悩みの人は、それを誰にどう吐露すればよいのだろうか。以前、「男性に触られることが苦手」というYさん（25歳）が桃山商事の元へ相談に訪れた。彼女はそのことが原因で、この先まともに恋愛ができないのではないかと悩んでいた。事前に届いたメールにはこうあった。

友達から男性を紹介していただき、ふたりで食事に行ったりするのですが、相手に好印象を抱いても、つき合う前に手をつながれたりすると一気に気持ちが冷め、拒絶するようになってしまいます。せっかく距離を縮めようと努力してくださっているのに申し訳なく思うし、気持ちが急降下する自分にも驚きます。こんな自分のままで大丈夫か不安です。

文面からも伝わるように、彼女は生真面目な人だった。アパレル会社勤務で、フィットネスや外国語の学習に励んでいる。また美容やアートにも興味があり、人生を謳歌しているように見える。男性からモテるのも納得だ。しかし、Yさんの話を聞くうちに、「自己開示が苦手」という側面が見えてきた。例えばデート相手に趣味や勉強のことを話すことができないという。「意識高いね（笑）」と揶揄されたり、「俺はTOEIC○点だよ」とマウンティングされた経験があったからだ。彼らとしては、自分のプライドを守るため、いいところを見せるために取った態度かもしれないが、Yさんは次第に「なぜ普通の会話ができないんだろう」という思いを募らせ、雑談の話題すら選ぶようになっていった。

また彼女は、女友達に心を開けないことにも悩んでいた。男性に触られるのが苦手なことを友達に相談しても、「逆にうらやましい」「あの人カッコイイのになんで？」などと返されてしまう。自慢だと受け取られ、空気が微妙になってしまうこともしばしばある。そういうことが重なり、自分を出さないほうが何かと円滑に行くという考えを内面化していったそうだ。

同調圧力や相互監視のようなものが働きやすいネット社会の影響か、今は〝下から目線〟が力を持っていて、恵まれている（ように見える）人は言葉を発しづらい状況にある。苦しいと訴えても「もっと苦しい人はいる」と言われてしまう。

聞けばYさんには過去に間一髪で性暴力から逃れた経験があり、男性に対する警戒心がどうしても強くなってしまうという。だから相手を信頼できるようになるまで、ある程度の時間を要する。しかし、その手前の段階で好意を向けられ、スキンシップまでされてしまえば、考えるより先に身体が拒絶反応を示してもなんら不思議はないだろう。これは言わば感情や生理的反応といったものを尊重してもらえない状態であり、決して「贅沢な悩み」で片づけられる問題ではないはずだ。

どれだけ近しい人であっても、心の内を理解してくれるとは限らない。誰にも共感してもらえない気持ちはどこに出せばいいのか。

内面の孤独は苦しい。Yさんとの対話は、とても大事な問題に気づかせてもらう契機になった。

## 性欲は〝本能〟って言うけれど……
## 男性にとって風俗とはどういう場所なのか

### ファッションヘルスで「Fさん」と呼ばれた日

大学3年生の時、私は男友達と初めて風俗に行った。池袋にあるファッションヘルスのお店だった。その友達は中学からの同級生で、授業をサボって演劇を観に行こうと話していた。ところが劇場に到着すると休演日だったことが判明し、平日の昼間に池袋の街へ放り出された我々の間に、「ふ、風俗にでも行ってみる……？」という話がふいに持ち上がった。

素人童貞という言葉がある。風俗で性体験はあるが、お金の介在しない相手とは経験したことがない男性を指す言葉だ。揶揄として使われることもあるし、自虐や自嘲として使われることもある（お店の女性を「玄人」、そうでない女性を「素人」と分類している時点で非常に男性社会的なニュアンスの言葉だが)。その頃、同級生の間で風俗を経験したという男たちが現れはじめていた。風俗は繁華街の隅っこに点在している怪しいお店で、裏では暴力団みたいな組織とつながっていて、痛い目に遭わされた上に高額のお金をぼったくられる……という偏見レベルのイメージが仲間内で共有されていたこともあって、風俗を経験したやつを〝勇者扱い〟する風潮があった。そこから「玄人童貞のほうがダサい」という謎の同調圧力も生まれていた(THE・ホモソーシャル……)。友達に遅れを取りたくないという気持ちと、「エッチなお店に行ってみたい」という性的な興味が相まって、私の中には風俗への興味がパンパンに膨らんでいた。男友達と「行くなら今しかなくね?」という話になったのにはそんな背景があった。

振り返るとバカすぎる話だが、我々は真剣だった。高すぎず、かつ入りやすそうなお店を慎重に吟味し、風俗街の一角にあった無料案内所で「30分5000円」という割引券をもらい、意を決してお店に入ろう……とするもやっぱり怖くて通り過ぎるということを3回ほどくり返し、ようやく入れたお店の待合室で「F」という札を渡された。それから店内ではずっと「Fさん」と呼ばれ、順番が来て小さな部屋に案内され、担当女性に指示されるがまま服を脱ぎ、シャワーを浴びてイソジンでうがいをし、簡易ベッドに寝かされ、手や口であれこれされるうちにあっという間に果て、「ピピピピピピピピ！」とタイマーがけたたましく鳴り響いて私の風俗初体験は幕を閉じた。よくわからないがものすごく虚しい気分になった。外に出ると空はいい感じの夕焼け色で、先に終わっていた男友達もしょんぼりした感じで地面に座っていた。向かいのカラオケ店からは大好きなスピッツの「さわって・変わって」という曲が流れていて、「このタイミングで聴くとなんだか意味深だな……」などと話しながら我々は帰路についたのだった。

## ナイナイ岡村の炎上で〝不問〟のままにされた問題

ここ数年、男性の恋バナや恋愛相談を聞く機会が増えた。電子文芸誌『yom yom』（新潮社）では「一般男性とよばれた男」というインタビュー企画も連載している。自己開示をしたり、人に弱みを見せたりするのが苦手とされてきた男性たちからリアルな身の上話を聞けるのは貴重な機会だし、同じ男性としても共感や気づきが多く、とてもおもしろい。とりわけ興味深いのは、その中に結構な割合で風俗の話が出てくることだ。

2020年4月、ナインティナインの岡村隆史が自身のラジオ番組で風俗に関する問題発言をし、大きな炎上騒ぎとなった。それは「コロナが終息しても経済状況はしばらく悪いままなので、美人の女性やかわいい女性が短時間で稼げる風俗の仕事をやるようになるはず」という主旨の発言で、これに「女性を見下した差別発言」「貧困の問題をなんだと思っているのだ」「性的搾取を待ちわびるような恐ろしい態度」といった批判が集まった。確かに擁護のしようがない問題発言だと思うし、批判の声に概ね同意だ。しかし一方で、「理由が経済的困窮であれ、風俗で働くことを一方的に〝かわいそう〟と決めつけるのは職業差別」といった指摘もあり、自分の中に存在する無自覚な差別意識を見つめるきっかけにもなった。これに関しては引き続き議論や学びを深めていくしかないが、この一件を通して個人的に最も気になったのは「男性と風俗」の問題だ。

そもそもこの発言は、「コロナで風俗に行けず悩んでいる」という男性リスナーからの投稿がきっかけだった。「絶対おもしろいことある」「乗り切れる」と、岡村は件《くだん》の発言を〝励まし〟や〝応援〟といった文脈で発していた。「岡村さんに悪気はなかった」「深夜ラジオの空気の中で出た発言であり、差別的な意図はなかった」という擁護の声も多かったが、それはこのような文脈が背景にあったためだろう。

この一件では様々な意見が飛び交った。激しい論争がくり広げられたり、ナインティナインの存続問題に発展したりもした。しかし、中核にある「なぜそこまでして男は風俗に行きたがるのか？」という問題は不問のままになっていた。すべての議論が「男は風俗に行きたいものだ」という前提で進んでおり、そこには不思議とメスが入らない。これは何も「風俗に行きたがらない男だっている」という話をしたいわけではない。もちろんそういう人だっているだろうし、ましてや行くのが悪いことだと言いたいわけでもない。ここで考えてみたいのは、なぜか自明のものとして扱われていて、身の上話においても重要なファクターとしてたびたび登場する風俗という場所が、男性にとってどういう存在なのかという問題だ。

## 「おっパブでハッスルする幼なじみ」の衝撃

この問題を考える上で大変参考になった本がある。漫画家・田房永子さんの著書『男しか行けない場所に女が行ってきました』（2015年、イースト・プレス＊『他人のセックスを見ながら考えた』2019年、ちくま文庫時改題）だ。この本はかつてエロ本でレポート漫画を連載していた田房さんが〝男しか行けない場所〟を訪ね歩いた見聞記で、そこに通う男性たちの実態を鋭く描き出している。ファッションヘルス、おっぱいパブ、オナニークラブ、パンチラ喫茶、ドール専門風俗店……。男性にとってはどれも街やネットで見聞きしたことのあるサービスだと思うが、田房さんの目線を経由すると途端に異様なものに見えてくる。例えばおっぱいパブはこのように描写されている。

おっパブの特徴としては、仕事相手の人たちと、2軒目、3軒目のカラオケ感覚で入店できることである。あくまで「おっぱいを触れるキャバクラ」であるだけで、そこで股間が辛抱たまらなくなっても、射精するサービスはない。

「少し距離がある人」と敢えて一緒に行くことにより、生のおっぱいを目の前にした時の表情や動作をお互いに見合い、見せ合い、からかったりふざけたりしやすい空気をつくって親睦を深める。わざとむしゃぶりついて笑いをとったり、緊張して乳首をさわっているところを笑いあったりするという。「射精サービス」がないため、仕事相手とも行きやすいようだ。

つまり「おっぱいが揉みたい」わけではなく、男同士のコミュニケーションの場所として機能している。言い換えれば、男は同性とのコミュニケーションを図るためにわざわざ女の体を必要とするということである。普通のキャバクラじゃ物足りない、カラオケじゃいまいち、そんな時に活用されるおっパブ。珍しいものではなく、繁華街にたくさんある。

ここで田房さんが我々男に提供してくれているのは、〝外から目線〟とでも言うべき視座だ。外国人が日本について書いた文章などを読むと、「こんなふうに見えてるんだ……」と当たり前の景色を改めて捉え直す機会になったりする。この本にも同じような効果があって、ここに描き出されている男たちの姿を眺めていると、動画に映る自分の姿を目にした時のように、ザラッとした気持ちが湧いてくるのだ。

これを読んで思い出したことがある。大学を卒業して間もない頃、恋人と別れて落ち込んでいる私を地元の幼なじみが飲みに誘ってくれた。彼は同じ小学校の同級生で、浪人&留年により2年遅れで社会人になった私に焼肉をごちそうしてくれた。そして2次会でおっぱいパブに行った。月給8万円で圧倒的に金がなく、またおっパブ未経験者だった私に対し、彼は「おごってやる」「こういう時はパーッとやったほうがいい」とやたら景気が良かった。

店内には小さなブース席がぐるりと設置されており、お店の女性たちが各席を周回するシステムになっていた。お酒を頼み、しばし歓談していると、突如BGMがアップテンポのユーロビートに切り替わる。これを合図に店内の照明が暗くなり、トップレス状態になった女性がこちらにまたがる体勢になって「ハッスルタイム」がはじまる。私も「ウッヒョー♪」となっておっぱいに飛びついた……わけでは全然なかった。なぜなら視界の片隅でおっぱいを一心不乱に揉む友人の姿がチラついていたからだ。

幼なじみがおっぱいにむしゃぶりついている――。これは私にとって衝撃的な光景だった。20年近いつき合いで、一緒にゲームで遊んだり、公園を駆けまわったりした仲だ。そんな俺が見ている前で、よくお前はそんなにも無我夢中でおっぱいを揉んだり吸ったりできるな。大学の同級生と会社をはじめた俺に対し、「社会はそんなに甘くない」「いつかお金のことで揉める」と偉そうに説教してきたお前はどこにいったんだ。さっきまでのキリッとした自分と、今のおっぱいをめちゃくちゃに揉んでいる自分との整合性はどうやってつけているんだ。結構な大金を払ってまでその姿を俺に見せてくるメリットはいったい何なんだ……と、私は完全に混乱し、ドン引きしていた。なんだか怖くなり、早く家に帰りたいと思った。男性との間接キスが極度に苦手というのもあり、複数人の男性の唾液がついているんじゃないかと気持ち悪く感じられてしまい、結局おっぱいに吸いつくことはできなかった（もちろん毎回キレイに拭いていると思うが）。

## サービス対象外のものを求める男たち

男性にとって風俗とはどういう存在なのだろうか。もちろんひと括りに語れるものではないだろうし、人によっても、状況によっても、利用するサービスによってもそれぞれ異なるものになるだろう。ケースバイケースとしか言いようがないかもしれない。しかし一方で、「性欲は男の本能」とか「男が風俗に行くのは当たり前」とか、極めて漠然としたまま、謎に自明のものとして放置されてきたという側面もある。

これまでインタビューさせてもらった男性たちの言葉を読み解くと、そこには様々な欲求や動機が混在していることが見えてくる。

出張先でデリヘルを利用することが唯一の楽しみと語っていた男性は、風俗を「男に戻れる場所」だと語っていた。彼は3人の娘の父親で、女性ばかりの家庭ではダメなパパという扱いを受け、若い部下を抱える会社でも、パワハラと受け取られないよう常に穏和な態度を心がけているという。「ののしりながらアナルを責めるプレイが好き」「オラオラしてる自分に興奮する感じがある」と語っていた彼にとって、風俗は抑圧した攻撃性を解放できる場なのかもしれない。

また、仕事のストレスからデブ専風俗にハマっていったという男性は、「太った女性に圧迫されていると〝無〟になれる」と語っていた。彼は仕事で責任ある立場になり、24時間ずっと数字のことを気にしてしまう日々に苦しんでいた。そして知り合いから勧められたデブ専風俗に行き、「自分は世の中に存在しなくてもいいんだって思える感覚」にのめり込んだ。そして次第に射精も求めなくなり、ただただ太った女性に押し潰されに行く場所となった。

他にも、同じ女性をくり返し指名したあと、なんとか頼み込んで個人的な連絡先を教えてもらうことを目的に風俗通いを続けている男性もいた。彼はいわゆる「本番交渉」をするのも好きだと言っていて（完全に違法だが）、それらが受け入れられ、〝客以上の扱い〟をされたと感じられた時に最も興奮を覚えるのだという。

私におっぱいパブをおごってくれた同級生はどうだろう。彼はおそらく、私にマウンティングのようなことをしたかったのだと思う。〝社会人として先輩で、お金もあって、こっち系の経験値も勝ってる俺〟みたいなものを誇示するべく、おっパブ未経験者の私を意気揚々と連れて行ったのではないか。目の前で堂々と乳房に吸いついていたのも、おっぱいに夢中になっていたというより、むしろ社会人になりたての私に男社会のノリを見せつけることが目的だったのかもしれない（おごってもらった恩を仇で返すようで申し訳ないばかりだが）。あれは極めてホモソーシャルな出来事で、力ずくでマウントされたことによる恐怖や不快感だったのだと、田房さんの本を読んで改めて理解できたような気がした。

では、そんな自分自身はどうなのだろう。大学3年生のあの日、池袋で風俗を初体験した私は、終わったあとに言いようのない虚しさを抱いた。確かに気持ちは良かったが、担当女性とまったく会話が弾まなかった。「大学生なんです」と言っても「そうなんですねー（棒）」みたいな薄いリアクションが返ってくるばかりで、こちらにまったく興味を持ってくれない。正直、私の中には「風俗の客なんてキモい男ばかりだろうから、俺みたいな若くてイケてる大学生が相手でお姉さんも嬉しいのでは？」くらいの思いがあった。それが蓋を開けてみると「Fさん」という記号で呼ばれ、まるで〝射精工場〟のベルトコンベアを思わせる流れ作業ですべてが進み、タイマーの音と共にあっけなく終わりを迎えた。「大学生なんです」と言った私は、「どこの大学なんですか？」と聞かれ、「早稲田です」と答えて「すごーい！」と言われる展開を期待していた。思い出すだけで死にたくなる。

褒められたい、認められたい、ひとりの男性として興味を持ってもらいたいなど、30分5000円というサービスに射精以上のいろいろを期待し、それが叶わなかったことで発生した虚しさだったのではないかと、今は思う。厚かましい。実に厚かましいのだけど、それが当時の自分の偽らざる実態だ。

風俗は基本、お金を払って性的サービスを受ける場所である。その多くは「射精の手伝い」ということになるだろうし、例えばおっぱいパブであれば「乳房に触らせてもらう」、オナニークラブなら「自慰行為を見てもらう」ということになるだろう。逆に言えばそれ以上でもそれ以下でもなく、全方向的に気持ち良くしてもらえる場所では決してない。もちろん身体的な快感や精神的な癒やしを得るのは本人の自由だ。しかし、攻撃性を発散したり、特別扱いを求めたり、マウンティングの道具にしたりということは、原則的にサービス対象外となるはずだ。よく「風俗の気持ち悪いお客」の代表例として、射精したあとに説教してくる男性の話が紹介されるが、あれは「説教の快楽」をタダで搾取していることの厚かましさ、及びそのことに対する無自覚さが背景にあるはずだ。サービス対象外のものを求める男性たちに宿る気持ち悪さもこれと同種のものだろう。

田房さんは著書の中で「男なら誰でも風俗に行って解消しているとは思わない。だが『風俗がある』ということが、男たちの心にゆとりをもたらしていることは間違いない」と述べている。これは本当にギクッとするような指摘だと思う。もちろん誰がどんな欲求を抱いたっていいし、それは本人の自由だ。しかし、実は複雑で様々な欲求が内在しているにもかかわらず、それらを「性欲」という便利な言葉でパッケージングし、そのことに無自覚なままサービス対象外のものも含めてまるっと風俗で解消しようというのは、極めて浅ましい行為ではないだろうか。風俗の存在が「男たちの心にゆとりをもたらしている」というのも、そのことと決して無関係ではないはずだ。

# 6

# 生まれたからにはまだ死ねない

## ——be・ingから「私」へ

# 矛盾への恐怖と恋愛相談

## 相談者さんの恋人が実は知り合いだった

世の中には矛盾やダブルスタンダードをよしとしない風潮がある。「両方にいい顔をする」という態度も嫌われる。特にSNSなどのネット空間ではそれが顕著だ。行動や発言に一貫性のない人間は叩かれ、論破され、信用を失う。モノを書いて暮らしている人間にとっては死活問題にもなりかねない。だから私は自分が矛盾やダブルスタンダードに陥ってないか、常に恐怖を感じながら生きている。これがなかなか息苦しい。

個人的には、人間なんてかなりいい加減な生き物——というか相反する感情や理屈では説明できない欲望を同時に抱えていたりするのが普通で、そもそも「一貫性」というもの自体がフィクションなのではないか……と考えたい派だ。しかしそれは、相当な信頼関係の中でしか受容されない考えだろうとも思う。声高に主張する勇気はなかなか持てない。

桃山商事のサイトにはいろんな恋愛相談が届く。相談にやってくるのは9割以上が女性で、その年齢も属性も幅広い。最近は男性も少しずつだが増えてきている。カウンセラーでもなく、恋愛経験が豊富なわけでもない自分としては、できる限り想像力を駆使しながら相手の話に耳を傾け、その人の〝一人称の視点〟に近づきたいという気持ちで悩みと向き合っている。それが達成された時は深い共感が得られ、不思議な連帯感に包まれる。我々はこれを「コミュニケーション・オーガズム（CO）」と呼んでいるが、この活動の醍醐味のひとつだ。しかしここ数年、いろいろと〝板ばさみ〟になる機会が増え、複雑な気持ちになることが多い。COが起きたからといって喜んでばかりもいられない。それは、どういうことか。

ひとつ実例を紹介する。以前、メーカーで商品開発をしている30代女性（A子さん）から相談を受けた。彼女はSNSで我々の存在を知り、連絡をくれたという。相談内容はこうだ。A子さんはその1年ほど前に実績と経験を買われ、社が新しく立ち上げるプロジェクトのリーダーとなった。SNSのフォロワーが増え、社内での評価も上がった。

業界紙から取材を受け、オピニオンを求められる機会も増えた。しかし、その頃から恋人との関係がぎくしゃくしはじめたという。彼氏は同じ会社で営業をしている同期で、ふたりの関係は社内で公になっていた。最初はA子さんの成功を喜んでいた彼氏だったが、徐々に会話が減っていき、私生活でもセックスがほとんどなくなった。また、遅刻や連絡の遅れに対して不機嫌を露わにしたり、A子さんの生活リズムや栄養バランスなどに苦言を呈したりするようになった。

彼は「忙しいA子のために」と言っていたそうだが、彼女にとってはプレッシャーに感じられていた。友人からは「単なる嫉妬だから気にするな」とさんざん言われたそうだが、彼女の不安はなかなか払拭されなかった。我々はそんなA子さんの気持ちを少しでも理解したいと思って話を聞いていったが、「実は……」と途中で驚きの事実を打ち明けられた。なんとその彼氏は、私も前の会社で何度か仕事をしたことのある知り合い男性だったのだ。

板ばさみ――という表現が正確なのかはわからないが、いろんな人から恋バナを聞いていると、こうやって知人たちの知られざる一面をのぞき見てしまうことが結構ある。私は毎回ドキドキする。ギャップにも驚かされるが、それ以上にどういった態度を取ればいいか迷うのだ。

A子さんの視点に立ってみると、こんな景色が見えてくる。セックスを避け、彼女の前で不機嫌な態度を取り、当てつけのようにお節介をしてくる。そんな彼の言動は、すべてが叱責のニュアンスを帯びていて、罪悪感を刺激される。ある種のモラハラのようにも感じられる。確かに彼女は仕事が忙しくなり、自炊をする余裕がなくなった。待ち合わせに遅刻することも増えた。A子さんは彼に申し訳なさを感じていた。一方で「仕事のプレッシャーがきつい」「彼にはわかってもらいたい」という気持ちもあり、とても混乱していた。そんな中で恋人の精神をさらに追い込むようなことをする彼氏は本当にひどいと感じた。

彼の気持ちは推測することしかできないが、根底には間違いなく嫉妬心があると思う。「男なのに仕事で彼女に先を越されて情けない」と自分で自分を責めてしまっているかもしれない。また、実際に会社でA子さんと比較されたり、からかいのようなものを向けられたりということもあったかもしれない。彼はおそらく苦しんでいる。自分でもどうしていいかわからず、混乱しているのかもしれない。彼の置かれた立場を想像すると胸が苦しくなる。

一方で、そういう感情を彼女への嫌みや圧力というかたちで噴出させてしまうのはどうなんだろうとも思う。自己嫌悪が募ってしまうような気もするし、それを続けてもふたりにとって不幸な結果にしかならない。できることならその苦しみを誰かに打ち明けたり、思い切ってA子さんに吐露してみたりといった方法で向き合うことができたらいいなと、個人的には思う。

しかし、彼が「クライアント」であることが私の考えを複雑にする。彼が関わるPRプロジェクトの企画会議に呼んでもらったこともあるし、別部署の知り合いを紹介してもらい、それが仕事につながったこともある。こちらのことを尊重してくれたし、やりとりも丁寧な人だった。「彼を悪く思いたくない」という気持ちがわき出る。彼女の相談に乗ったことが知れたら気を悪くするかも、という思いも正直よぎる。軟着陸させたい、彼女の気持ちが別れに傾かないようにしなきゃ、「ふたりとも悪くない、責任は規範意識や社会構造にある！」的な話に持っていけないかな、みたいな方向に考えが流れそうになる。

もし彼のほうから同じ話を聞いたら、「いくら仕事が忙しいとはいえ、彼女もちょっと無神経ですよね」「彼氏なら許してくれるだろうという甘えがあるかもですね」くらいのことを言ってしまうかもしれない。相手の話に神経を集中させたいが、わき起こる雑念やバイアスをいちいち検証していくことにエネルギーが持っていかれてしまう。本当に厄介だと感じるが、でもそうするより他はない。

## 「目の前にいるその人」とどう向き合うか

話は少し飛ぶが、アメリカの劇作家アーサー・ミラーが書いた『セールスマンの死』には、「what I am」という言葉がくり返し出てくる。主人公は父のウィリーと息子のビフというアメリカ人親子で、ウィリーは「過去の栄光」に縛られながら生きている。かつてウィリーはアメリカ各地をまわる敏腕セールスマンで、高校生のビフは地元で有名なアメフト選手だった。しかし時は経ち、老いたウィリーはほとんど稼げなくなり、ビフも定職に就かずふらふらと暮らしている。ウィリーは現実を直視せずひたすら過去の栄光にすがり、息子にも「あの頃のお前を取り戻せ」とばかり言っている。ビフはそんな父の目を覚まさせるため、家族が直面している現実を必死に訴える。

そんな中で「Dad, you're never going to see what I am.（父さんは僕がどんな人間か全然

見てくれない)」「I'm just what I am, that's all.（俺はただ、ここにいる俺でしかない、それだけなんだ)」といった言葉が出てくる。ここで言う「what I am」とは、直訳すれば「私であるところのもの」となるが、意味するものは非常に広く、その時の感情や思考、置かれている状況やそれまで生きてきた歴史など、その人に関わるものすべてを含む「ここにいる自分（being)」を指す言葉だ。つまり先の言葉は、過去と未来にしか目を向けず、目の前に存在している自分を見ようとしない父親に対するビフの切実な叫びなのだ。

これは英米演劇の研究者である大学時代の恩師の請け売りなのだが、私はこの言葉がとても重要だと思っていて、誰かの話を聞く時は可能な限り相手の「what I am」に想像を馳せ、またこちらも「what I am」として対峙する必要があると考えている。その中には矛盾する要素が平気で共存していたりするし、拠って立つ基準も刻々と変化していったりする。

先日、「恋愛がなかなかうまくいかない」と悩む30代の男性が相談に来た。彼はネットでたびたび話題になるジェンダー問題（炎上CMや有名人の女性差別発言、性暴力やセクハラ事件など）を見るにつけ、自分の中にもミソジニー的な価値観が染みついているのではないかと考えるようになったそうだ。

フェミニズムの本を読み、女性と接する際は発言や行動に細心の注意を払う。しかし、加害性を意識しすぎるあまりどうやって恋愛していいかわからなくなってしまった。さらに、行き場のない性的なリビドーを収めるためにときどき性風俗へ行ってしまう自分にも嫌悪感を抱いている。恋愛がうまく行かないという悩みの根っこには、こういった自己矛盾の苦しみが存在していた。

彼は確かに矛盾しているかもしれない。しかし、ミソジニーを嫌う自分と性風俗へ行ってしまう自分が同居している状態も彼の一部なのだと思うし、そのような悩みが生まれた背景には、これまで30年以上生きてきた彼の歴史があるはずだ。かつて上司からのセクハラ被害に悩まされていた女性の同僚から相談を受けたものの、行動を起こすことができず、まるで力になれなかったという後悔の念がジェンダー問題に興味を持つきっかけになったと彼は語っていた。そんな自分と、まるで日替わりランチのようにスマホでアダルト動画を消費したり、カタログのように風俗店の女性リストを眺めたりする自分のギャップをどう考えればいいのかわからないとも言っていた。

そういう混沌を含め、彼の「what I am」が形成されているのだと思う。そんなふうに自己開示してくれた彼と向き合うためには私も自己をさらけ出す必要を感じた。図式的な理解や表面的な共感を示しただけでは言葉は響かない。私も自分の性にまつわる悩みを吐露したり、過去に目の前で女友達が業界の偉いおじさんからセクハラを受け、同じように傍観してしまった経験があることも打ち明けた。それが彼の悩みにどう寄与するかわからなかったが、自分も「what I am」として対峙せねばという気持ちに駆られた。

板ばさみは苦しい。まっすぐ話と向き合えない恐れもあるし、話が漏れ伝われば「こっちにはこう言ってたのにあっちにはああ言ってたのか」という不信感も抱かれかねない。しかし、話を聞く際は生身の自分をそこに置き、目の前にいる相手から発せられる言葉や非言語のメッセージになるべく繊細に反応し、そこで感じたことを素直に言語化していくしかないというのが今のところの私の考えだ。

# 「だったらひとりで生きればいいのでは？」と絶望される前に

## 日曜日の夜に訪れる絶望

相談者のR子さんは家事をしない彼氏にモヤモヤしていた。つき合って4年、同棲して2年。お互い忙しく働いており、一緒に家で過ごす時間はそれほど多くない。彼氏は多趣味な人で週末もあちこちに出かけている。

日曜日の夜、R子さんは溜まった洗いものや散らかった部屋を見てどんよりした気分になるという。1LDKのリビングは、ギターやマンガ、筋トレグッズにAmazonの空箱など、彼氏の持ち物で半分以上が占拠されている。テーブルの上にはビールの空き缶が放置されており、ソファには脱ぎっぱなしの服が散乱している。

彼氏は穏やかな性格の人で、観たい映画の趣味も合い、家事のことに目をつぶれば同棲生活は概ね楽しい。彼氏が買ってきたインコの世話も今ではもっぱらR子さんがやっているが、それも日々の癒やしだと言えなくはない。まったりした関係ですっかりセックスレスになっているが、元からそんなに重視しているわけではなく、ストレスになるほどではない。家事の分担に関してはこれまで何度も訴えてきたが、結局変わらなかった経緯があり、どこか諦めている節がある。このまま結婚するのも悪くない……のかもしれないが、やっぱり割り切れない気持ちが残っており、そんな彼氏との関係をどうすればいいかという相談だった。

家事をしない男性にモヤモヤしている女性はとても多い。R子さんのようにそのことが直接的な悩みになっているケースもあれば、軽めの愚痴や不満として出てくる場合もある。掃除、洗濯、料理、洗い物、片づけ、買い物、ゴミ捨て、整理整頓、使った物を元に戻す——などなど、ひと口に「家事」と言ってもそこには様々な作業が含まれる。生活環境のメンテナンスという意味で、家だけでなく、職場や旅先などでも似たような問題が起こり得る。

拙著『よかれと思ってやったのに』でもこのようなエピソードを紹介した。

・夫は「バスタオルは?」「あのTシャツどこだっけ?」など置き場所を覚えない
・同棲中の彼氏は何度注意しても食器の洗い方やゴミの捨て方を直そうとしない
・職場の男性たちはトイレの紙やウォーターサーバーの水を〝ちょい残し〟する
・椅子をしまわない、ドア開けっ放し、備品も戻さない職場の男性たちにイライラ
・靴下脱ぎっ放し、鍵は放り投げる。なのに「靴下どこ?」「鍵がない」と聞く夫
・男友達は、大して使いこなせないのにやたらハイスペックな家電を買いたがる

これらは個別の女性から届いたエピソードであるが、同時にどれも〝あるある〟と言っていいほど頻繁に耳にする現象だ。もちろんすべての男性が家事をしないわけではないし、女性はみな家事が得意という話でもない。家事に関しては人それぞれのやり方があり、許容範囲や気になるポイントもまちまちだろう。たとえ分担に偏りがあったとしても、双方が納得していれば問題ないということもあり、家事にまつわる是非をひとつの基準で語ることはできない。

しかし、全体で言えば男性のほうが家事をやらないし、意識もスキルも圧倒的に低いのが現実と言わざるを得ない。これらのエピソードがなぜ〝あるある〟になっているの

かという謎もある。ここでは家事にまつわる私の個人史を通じ、そんな「男と家事」の問題について考えていけたらと思う。

## 家事そっちのけで「ウイニングイレブン」に没頭

私は東京の下町にある商店街の電器屋に生まれた。自宅とお店が別のところにあって、朝は自宅でご飯を食べて学校に行き、終わるとそのままお店に帰って夜まで過ごし、閉店後は親と一緒に自宅へ戻るという生活スタイルだった。両親はどちらもお店に出ていたが、家事に関してはほとんど母親が担っていた。私はそのことになんの疑問も持たずに育った。自分が着ている衣類は、脱いでカゴに入れたらいつの間にかキレイになってタンスに入っているものだ……という感覚で生きていた。

洗濯を経験するようになったのは小学校の高学年以降で、私は地域のサッカークラブに所属していたのだが、泥だらけの練習着を一緒に洗うことを母親から嫌がられ、これだけはコインランドリーに行って自分で洗濯しろと命じられた。家事めいたことをやっていたのはかろうじてそれくらいで、夕飯の食材の買いものを頼まれたりもしていたが、隣が八百屋さんではす向かいが肉屋さんだったので、手伝いと言えるほどのものでもなかった。

当時の私は自分の部屋すらまともに掃除したことがなかった。やるとすればテスト前に自分の机まわりを整頓するくらいで、生活環境のメンテナンスなんて意識はまったくなかった。掃除も洗濯も料理も、やらないし、手伝うという発想もなかったし、どうやるのかもわからなかった。週に3回はサッカーへ行き、週1でスイミングスクールがあり、塾と書道教室にも通い、それ以外は隣近所の幼なじみと遊んでいるという、我ながらなかなか多忙な暮らしを送っていた。そんな日々の中で、「自分の時間と体力＝すべて自分のことに使うもの」というベース感覚が着実に形成されていったように思う。

家事が少しだけ身近なものになったのは大学生になってからだ。サークル活動が忙しくなったり、大学の近くでひとり暮らしをする友人に憧れたりというのもあり、サークルの男友達ふたりを誘って学校の近くに部屋を借りることにした。ルームシェアの先駆けと言えば聞こえはいいが、そこは家賃3万6千円の風呂なしアパートで、それぞれ都内に実家があった我々は、適当に寝泊まりできる場として部屋を利用していた。

大学生にとって月々1万2千円の出費はなかなか大きく、いつも金欠状態にあり、生活に必要なものは大体100円ショップで揃えた。自炊のようなことをしてみたり、使った食器を自分で洗ったり、ゴミの日にまとめて出したり、そういう一つひとつが新鮮な体験だったが、生活のベースは実家にあり、まだまだ〝おままごと〟感は拭えなかった。3人とも部屋が散らかっていることを気にするタイプではなく、思い立った時に大掃除をするくらいで、絵に描いたような〝男暮らし〟だったように思う。

2005年の春、大学を5年かかって卒業した私は、高校の同級生と一緒にマンションを借りた。高田馬場駅まで自転車圏内という場所にある家賃13万円の2DKだった。当時はサークルをそのまま法人化した小さな会社で働きはじめたばかりで、初任給は8万円。それで月々6万円（狭いほうの部屋だったので1万円安かった）の部屋に引っ越すなんてどうかしてたと思うが、実家を離れ、正真正銘のルームシェアがはじまったことには胸躍るものを感じた。ルームメイトとオリンピックやドン・キホーテをまわって生活必需品を揃え、家具や家電はリサイクルショップで安く買い集めた。

自分で自分の服を洗濯し、相方の部屋を通らないと出られない狭いバルコニーで干す。自分たちで買い揃えた調理器具でする自炊も楽しかったし、可燃ゴミ、不燃ゴミ、資源ゴミと、ゴミ収集の曜日を覚えたのも人生で初めてのことだった。

しかし、家事に目覚めたのかというとそういうわけではない。駆け出しライターとして日々の仕事を打ち返すのに必死で、やっていたのは最低限の洗濯くらいだった。掃除も洗い物も溜まったらやるという感じだったし、何かと「一発で解決！」みたいな便利グッズに頼ろうとし、家事のスキルや習慣が身につくこともなかった。

そうこうするうちに我々は「ウイニングイレブン」というサッカーゲームにハマり、帰宅後は深夜まで共同プレーに勤しむという毎日がはじまった。家事はますますおろそかになり、風呂場の排水溝にはいつも髪の毛が詰まっていて、台所にはビールの空き缶が溜まり、思いつきで作ったカレーの鍋を2週間くらい洗い忘れ、フタを開けたら「新しい生態系の誕生かな？」というくらいカビが生えていたこともあった。そんな状態を見かねたルームメイトの恋人が週末に部屋の掃除を手伝ってくれるようになった。それに味を占め、我々はますますウイニングイレブンにのめり込んでいった。

## 「怒られないためにやるもの」から「生活の土台を作る行為」へ

私が回答者を担当している『朝日新聞ｂｅ』の人生相談「悩みのるつぼ」に、こんなお悩みが届いたことがある。相談者さんは30代の専業主婦で、家事や育児で手いっぱいになりながら、ちっとも手を貸してくれない夫にモヤモヤしていた。毎回「お湯を沸かして欲しいな」「レンジでチンして欲しいな」「ゴミ捨てをして欲しいな」と小さな期待をしてしまうものの、夫は動いてくれない。

その都度要望を伝えようかとも思うが、不機嫌になられたり、毎回言わなければならないことの億劫《おっくう》さを思うと、黙って自分でやったほうが早いと考えてしまう。それで不公平感が積もってモヤモヤしているが、一方でお金を稼いでいないことに引け目を感じており、自分には不満を言う資格がないとも思っている。この状況をどう考えればいいのか――というお悩みだった。

ここでポイントになっているのは「不公平感」だ。これは「バランスがおかしい」「なんで私ばっかり」「そのことをわかって欲しい」といった思いから発生している感情だろう。考えてみれば当然だ。この夫婦の場合、お金を稼ぐ役割を夫が、家事や育児を妻が担うという分業制を採用しているが、夫の仕事が9時〜5時だとするなら、家事・育児担当者としての労働時間も同様のはずで、それ以外の時間帯は平等に分担すべきだろう。相談者さんはお金を稼いでいないことに引け目を感じていたが、そもそも会社で働くことだけが「仕事」なわけではなく、家事は「家に関わる仕事」であり、家事労働に従事した時間に平均時給をかけて割り出すOC法（＝opportunity cost method／機会費用法）という計算式で割り出すと年収300万～400万になるとも言われている。こんなことを考えながら、「夫とは単に役割が異なるだけで、立場も責任も対等なのだから引け目を感じる必要は一切ない」という方向性の回答にまとまった。

……と、新聞にそんな偉そうなことを書いてしまったが、前述の通り私はルームメイトの恋人に掃除をやってもらい、ぬくぬくとウイニングイレブンに興じていた過去があり、どの口が言うのだという話でもある。家事の分担は「フェアネス」に関わる問題であり、不公平感が募ると人間関係を壊しかねないということにようやく気づいたのは、まもなく30歳になろうかというタイミングでのことだった。

29歳の時、それまでふたりだったルームシェア生活に、予備校時代の同級生であり、現在も桃山商事の活動を一緒にやっている森田（専務）が加わった。京王井の頭線・西永福駅からすぐのところにある3LDKの部屋を借り、男3人暮らしがはじまった。新しいルームメイトの森田は家事をする人だった。最初に話し合いの場を設け、週末の朝にみんなで手分けして掃除するというルールを作るなど、定期的な家事サイクルを構築してくれた。フローリングを雑巾で水拭きするのが驚きだったし、ある時から狂ったように料理をしはじめたのも衝撃だった。

ある日、こんな出来事があった。早めに仕事が終わった我々がリビングでウイニングイレブンに熱中していると、雨に濡れた森田が帰宅し、開口一番「お前らふざけんなよ」と言った。なぜ怒っていたのかというと、事前にメールで頼まれていた洗濯物の取り込みを忘れてゲームに興じていたからだ。洗濯済みの衣類はすっかり濡れてしまっていた。これはもう、完全に俺たちが悪い。

この一件以来、私の中には危機感のようなものが芽生えた。このままじゃ森田が出ってしまうかもしれないし、そもそもこの年齢になって家事スキルがゼロなのは相当ヤバいことなのでは、とも思いはじめた。それで少しずつ家事への意識が高まっていき、食器洗いや風呂掃除のコツを実地で身につけていった。みんなで協力して生活環境をキレイにしていく行為に楽しさを感じるようになったし、洗濯物をちゃんと分類し、物干しハンガーぴったりに干せた時の快感がちょっとした癖にもなった。それまで「怒られないためにやるもの」だった家事が、段々と「生活の土台を作る行為」という理解に変わっていった。

## 家事は続くよどこまでも

これまで私はひとり暮らしをしたことがない。2005年にルームシェアをはじめ、メンバーの入れ替えなどもありながら10年以上友達と暮らす生活が続いた。かつて勤めていた会社でも事務所の家事まわりは社員それぞれが持ち場を決めて担当していた。2017年に結婚してからは妻のしおりさんと家事を分担している。そんな私にとって、家事は常に「人間関係」とセットのものだった。

ひとり暮らしであれば、何をどうやろうと基本的に本人の自由だろう。マメにやるもよし、気が向いた時にやるもよし、溜まった時に家事代行を頼むもよし、というものだと思う。しかし、そこに人間関係が絡んでくると途端に意味合いが変わってくる。自室はまだしも、リビングやキッチン、お風呂やトイレは「公共スペース」となるわけで、共同管理が原則になる。そこで問題になるのが維持レベルや分担バランスの調整だ。

家事における許容範囲や気になるポイントは人によって異なる。だから何をどのくらいのレベルで維持し、そのための作業をどう分担していくかについては細かな調整が必要になってくる。しっかり取り決めや話し合いができればいいが、そういったコミュニケーションコストも案外バカにならない。そうなると大抵、「家事のスキルが高い側」や「より気になってしまう側」に負担が偏ってしまう。

これは何も作業の分担だけではない。家事とは〝システム〟の上でまわっていくものであり、道具の管理や備品の補充、また日時を覚えておいたりタイミングを図ったりと、目に見える作業の下地には膨大な〝名もなき家事〟が存在している。

ゴミ捨てひとつ取っても、ゴミ箱の設置、ゴミの分類、曜日ごとの管理、袋の補充、ゴミ集め……など様々な下地の上に成り立っているわけで、玄関に置かれた袋を出勤がてら集積所に持っていくだけがゴミ捨てではない。冒頭で紹介した『よかれと思ってやったのに』からの引用エピソードに登場する男性たちもことごとく〝名もなき家事〟の存在に気づいていない。こういったことが人間関係にヒビを入れかねないのは、それが相手の時間や労力を搾取することにつながっているからだ。

時間や労力の搾取。これはいろんなシーンで起こり得る問題ではないだろうか。例えば会社などでも、ちょっとしたことをすぐ聞いてくる人に対して「そのくらい自分で覚えろや……」とモヤモヤしたり、友達関係でも、幹事が担う調整コストを考慮せず「飲み会やってよ」「誰か紹介してよ」などと軽く頼んでくる人に苛立ったりということは多くの人が経験しているはずだ。こういった人のことを「フリーライダー（タダ乗り）」と呼んだりするが、その根底には搾取の問題が絡んでいる。家事の不平等感も基本的に同じ構造の話だ。

私は昔に比べ、家事の意識とスキルがかなり上がったと思う。レシピがあれば大抵の料理は作れるようになったし、トイレットペーパーを仕入れにドラッグストアへ行けば、ゴミ袋が残り少なかったのを思い出して買い足すことなどもできるようになった。カレーの鍋に大量のカビを生やしていた時代からするとかなりの進歩だ。

しかし、それでも妻から家事の苦言を呈されることがたびたびある。食器の洗い方や洗濯機の扱いなど内容は多岐にわたるが、自分なりに分析をしてみたところ、そのほとんどが「合理化しようとするあまり雑になる」という部分に原因があることが見えてきた。ちゃっちゃと終わらせたい、なるべく手間を減らしたいという気持ちがベースにあり、やり方が適当になったり、何かと便利グッズに頼ろうとしたりする。掃除の面倒を減らす方向に追求した結果、やり方がワンパターン化し、いつも同じところしか掃除できていないといった問題も起こった。それで妻がモヤモヤし、溜まった時にクレームが来るということがくり返されている。

この問題の根底にあるのは、子供の頃から自分の中に染みついてしまっている「自分の時間と体力＝すべて自分のことに使うもの」という感覚だ。それゆえ家事を「低コストで済ませたい」と考え、結果的に雑になってしまう。もちろんある程度の合理化は必要だろう。しかし、労力を削減することが目的化してしまうと家事の意味を見失いかねない。

おそらく家事とは、自分で自分のケアをしたり、その場にコミットしたり、生活環境を一緒に作り上げていくための行為なのだと思う。それをやらなかったり、過度に面倒くさがったりすることは責任の放棄とも言え、行き着く先は「だったらひとりで生きればいいのでは？」と相手に絶望されてしまうことかもしれない。それはとても恐ろしいことだ。そんなことを思いながら引き続き家事の問題と向き合っていきたい。生きている限りどこまでも家事は続くのだ。

## 家に一冊も本がなかった

今、こうして家の本棚を眺めていると、そこから自分の歴史みたいなものが浮かび上がってくる。正面の棚に並ぶのは、自分がここ数年メインテーマにしている恋愛やジェンダーにまつわる本だ。とりわけフェミニズムに関する書籍からは多くのことを学んでいる。また、海外のベストセラーを翻訳した本も目立つ。依存症、幸福度、格差や分断、人工知能、共感や協力など……ひとつのテーマについて膨大な事例やデータを元に読み解いていくこれらの本は、「高度に発展した資本主義社会と人間の関わりを学びたい」という、私の背伸びした願望の表れだ。

背中側にある棚には、いわゆる〝サブカル〟に分類される本やマンガが詰め込まれている。大学時代から20代後半くらいまで、「意味はわからないけどなんかヤバいもの」にひたすら憧れた。しかし、30代に入ってこれらが少し縁遠いものになった。その隣の棚の一角を占める、新書やビジネス書といった〝実用本〟に惹かれるようになったからだ。かつて蜜月の時期を過ごしたはずなのに、今はもう他人のようになってしまった本。それが一周して、この頃また距離が近くなってきた本。誰かが賞賛していたことで急に気になりはじめた本。積ん読本の背表紙からは無言のプレッシャーを感じる。しかし、そのうち急接近する時が来るかもしれない。本との関係は、恋人や友人との関係にもどこか似ている。

私は下町の電器屋に生まれ、家に一冊も本がない環境で育った。初めてまともに本を読んだのは19歳の時だ。そんな私が読書の習慣を手に入れることができたのは、良書の数々を教えてくれた目利きの友人・知人によるところが大きい。

大学時代にサブカルの魅力を教えてくれた同級生とは、卒業後に会社を立ち上げ、仕事仲間になった。いろいろあって一時期は疎遠になってしまったが、私がトミヤマユキコさんとの共著『大学1年生の歩き方』(2017年、左右社)を書いた際、自分の読書人生は紛れもなく彼の影響が絶大であることを実感し、酒を飲みながら改めてお礼を言うことができた。また、先に挙げた海外の翻訳本は、一緒に桃山商事の活動をしている森田からのオススメがほとんどだ。

本棚の背景には、接してきた人々との歴史が見える。人生の最後に、自分はどんな本を読むのだろうか。それは案外、病院のベッドで隣になった人から貸してもらった本だったりするのかもしれない。

# 自分を掘れば他者とつながる

2012年、私の人生はどん詰まっていた。当時32歳。出版系の制作会社に所属し、雑誌やウェブ媒体でライター仕事を請け負っていたが、未来はまったく見えなかった。同業の先輩から「作家性や専門性のない書き手は40代で食えなくなって心を病む」と脅され、震えていた。そんな時に読んだのが『リハビリの夜』(2009年、医学書院)だった。

著者の熊谷晋一郎さんは脳性まひの当事者で、電動車いすに乗って生活している。訓練をすれば「脳性まひは治る」と信じられていた時代に育ち、多大な苦痛を伴うリハビリを経験してきた。医師でもある著者は、自身について科学的かつ文学的に掘り下げていく。

脳の仕組みや身体構造の説明、また便意を催した時の緊張感やリハビリ中に芽生えた性的興奮など、固有の経験が皮膚感覚を伴ってこちらに伝わってくる。熊谷さんは世界とこんなふうに接しているのか……。それはまるでVR（仮想現実）のような読書体験だった。

ライターは情報の伝達者であり、自分を出してはならない。私は先輩たちからそう教わってきた。しかし、本当にそうなのだろうか。読書や取材を通じて自分自身に対する理解が深まることは多々ある。

熊谷さんは全身が緊張しやすく、腰から指先までの筋肉が一体化した状態（＝これを「身体内協応構造」と呼ぶそうだ）でパソコンを打っているというが、これは私がサッカーのプレー中に味わう緊張の感覚とそっくりだった。そういう発見の喜びをもっと自分の文章で表現してもいいのではないか――。自分を掘れば他者とつながり、それは社会のことを考えるきっかけにもなる。私はこの本からそんな確証を得た。そして翌年の春、会社を辞めて独立した。

個人の体験と社会の問題を往復しながらモノを書く仕事は楽しい。お金はたまらないけど、間もなくやってくる40代を明るく迎えられそうだ。

## ぺこぱ〝NEO優しい〟の衝撃「優しいのにおもしろい」という革命

### 優しさは退屈でつまらないもの、ではあるけれど

2019年年末の「M-1グランプリ」決勝でぺこぱの漫才に衝撃を受けて以来、ずっと余韻が残り続けている。本でも芝居でも、音楽でも映画でも、いい作品に出会った時には必ずこういう感覚になる。受けた感動に言葉が追いつかず、無意識的にその時間や世界観を反芻《はんすう》し続けてしまうこの感じ……。これぞカルチャーの醍醐味だよなっていつも思う。ぺこぱの漫才に受けた衝撃、それは「優しいのにおもしろいって超すごい!」というものだ。こう表現するとなんとも陳腐になってしまうが、個人的には偉業や革命という強い言葉を使っても足りないくらいの衝撃だった。

優しさが大切というのは誰もが知っていることだ。思いやりやいたわり、共感や理解、

受容に肯定、責めない、決めつけない、思考停止しない——など、他者に対しても地球に対しても、また自分自身に対しても優しくあることはとても重要だ。しかし一方で、優しさは退屈でつまらないものでもある。なぜならそれは〝予定調和〟の世界に属するものであり、端的に言って刺激がないからだ。ドキドキしない、先が読める、時に嘘くさく感じてしまう……など、〝予測誤差（＝「こうなるだろう」という予測に対するズレ）〟から生まれる「笑い」との相性は最悪だ。

しかしぺこぱの漫才は、そんな優しさを武器にお笑い界に新しい風を吹き込んだ。「休憩を取ろう」「命を守ろう」など、それ単体だと道徳的な標語にしか思えないフレーズを使って観る者を爆笑の渦に巻き込んだ。これって相当すごいことだと思う。あの日ぺこぱが見せてくれたのは、優しさとは決して退屈なものではなく、知的で批評的で刺激的で、極めてクリエイティブな営みにもなり得るという発見だった。

ネタ作りを担当しているツッコミの松陰寺太勇は、カルチャーメディア『ＱＪＷｅｂ クイックジャパンウェブ』のインタビュー（「ぺこぱ独占インタビュー【後編】優しいからではない。受け入れるツッコミの原点」２０２０年2月6日）で「笑いを生むために『ボケてツッコむ』をさらに裏切りたいってことで行き着いたスタイルであって、優しさ先行では別にないんですよ」と証言している。あのスタイルは、「人と違うことをやらねば」「お客さんの予測を裏切りたい」という芸人としての試行錯誤の果てに生まれたもののようだ。

ではなぜ、人と違うことを志向し、お客の予測を裏切ろうと模索した結果が「優しさ」につながっていったのか。ぺこぱの漫才が何をどう裏切っていたのかを具体的に振り返りながら考えてみたい。

M-1決勝のファーストラウンドで披露したのは「タクシー運転手」というネタだった。漫才の冒頭、自己紹介のくだりで目の前にかぶってきたシュウペイに対し、松陰寺は「いやかぶっているなら俺がよければいい」と言いながらスッと横に移動する。ここで裏切っていたのは「かぶってきたシュウペイを注意する」という展開だろう。

観客にあいさつするシーンでいきなり相方の目の前に立ちふさがるというのは非常識な行動で、だからこそボケとして機能するわけだが、一方で漫才という枠組みの中ではボケることはむしろ常識的なことであり、これにツッコミがどうリアクションするかで笑いにつながるかが変わってくる。例えば「なんでかぶってんだよ！」などとツッコミを入れるのがベタな展開だと考えられるが、それではおそらく笑いは起こらないだろう。

松陰寺が見せた対応を細かく見ていくと、まず「いや」の部分でかぶられたことの驚きやムカつき、相方に対して何か言ってやりたい気持ちなどを吸収し、「かぶっているなら」と論理的に思考した上で「俺がよければいい」という解決策を導き出している。これは主体的な行動で「かぶり」という問題をクリアできる合理的なアイデアだ。シュウペイの絶妙なキャラや振る舞いをうまく使い、観客に脊髄反射的な苛立ちや疑問（＝ツッコミを入れたい気持ち）を発生させる仕掛けを施しておきながら、松陰寺がそれらを吸収した上で鮮やかな解決策を提示する――。あいさつのくだりは、こうやって巧みに予測誤差を発生させていたシーンだったように思う。

## 受容や肯定だけでなく、実は鋭い批評にもなっている

松陰寺のツッコミは決して相手を責めない。シュウペイによるタクシー運転手に2回もぶつかられたにもかかわらず、「いや痛ってえな！　って言えてる時点で無事で良かった」と無傷を喜び、「いや2回もぶつかるってことは俺が車道側に立っていたのかもしれない」と自分を疑ったりもする。車を急停車させて居眠りをはじめた運転手の突飛

な行動を「いや休憩は取ろう」とむしろ推奨し、舞台の端から奇妙な動き方で戻ってきた相方を「いや戻り方は人それぞれだ」と受け入れる。

最終決戦で披露した「超高齢化社会」を題材にした漫才でも、電車で老人に席を譲ろうとしたら「うるさいハゲ！」と理不尽に難癖をつけられたにもかかわらず、「いやハゲてねえのは今だけなのかもしれない」と冷静に自己省察してみせ、「ウホウホウホー！」といきなりゴリラが乗ってきたシチュエーションにも「いやゴリラが乗ってきたら車両ごと譲ろう。命を守ろう」と理知的に対応してみせる。

松陰寺が受容し肯定しているのは、おそらく相方のシュウペイだけではない。理不尽な目に遭ったことのある人たちや、逆に他者に対してひどい振る舞いをしてしまったことのある人たちをも受け入れ、肯定していくようなメッセージ性にあふれている。

こういった言葉や態度が笑いにつながるのは、それが予測誤差を生むからだ。「もう誰かのせいにするのはやめよう」というセリフが笑いになるのはこの社会のベースに他責的な風潮があるからだし、「もう適当なツッコミを言うのはやめにしよう」というセリフも、社会にお笑いのコードが浸透し、安易なツッコミが大量生産されている背景があるからこそ刺さるものになっている。

つまり、ぺこぱの漫才で提示される言葉たちは単に人を受容し肯定するだけでなく、実は鋭い社会批評になっているからこそあそこまで人の心を揺さぶったのではないか。2019年秋に超大型の台風19号が上陸した時、政府やメディアは国民に対して「命を守る行動を」としきりに訴えていた。自己責任で命を守れと言われた現代の日本人にとって、「命を守ろう」という言葉はもはや道徳ではなく批評なのだ。

安易に相手を責めず、タクシー運転手の長時間労働を心配する。「キャバクラに行きたい」という老人の快活さを喜びつつ、「いやお年寄りがお年寄りに席を譲る時代がもうそこまで来ている」と超高齢化に伴う日本の現実も同時に直視していく。電車に侵入してきた宇宙人に対しては「宇宙船が壊れている可能性がある」と想像力を馳せ、「助け合っていこう」と配慮を見せる。「キャラ芸人になるしかなかったんだ！」と武器のない自分のこれまでの試行錯誤を吐露したかと思えば、「いやどういうボケでも処理するのが俺の仕事なんだ！」と高い職業意識を宣言する。

「間違いを間違いと認められる人になろう」「できないことはできないと言おう」と常識的なことを叫んでいるが、それらは決して安易な説教になっていない。これまで述べた通り、これらにはすべて鋭い批評性が宿っているからこそ、予定調和を崩す裏切りとして機能しているのだと私は感じている。

ぺこぱの漫才は確かに優しい。しかしそれは、受け入れること、相手を否定しないこと、現実を直視すること、自分自身を疑うこと、多様なあり方を認めること、旧弊的な習慣から脱却すること――などと同義であることを考えると、決して退屈なものではなく、知的で批評的で刺激的で、極めてクリエイティブな営みであることがわかるはずだ。

ミュージシャンのＣＨＡＩは「ＮＥＯかわいい」というコンセプトを掲げ、画一的な基準で判断されがちな美醜の価値観をぶっ壊し、かわいさはもっと多様なものであり、生きとし生けるものは全員かわいいのだというメッセージを力強く発信している。

それにならい、優しさの概念を軽やかに更新し得るぺこぱの漫才を私は「ＮＥＯ優しい」と称してみたい。優しさとは本来、おもしろくてカッコイイものなのだ。

# 笑いと脱力をもたらすbe・ingの世界――さくらももこ論

## バブル景気とオラついた男子校文化

1980年（昭和55年）生まれの私が平成を生きたのは、8歳から38歳の30年間ということになる。『りぼん』での「ちびまる子ちゃん」連載開始が1986年、アニメ版の放送開始が1990年、そしてさくらももこさんが亡くなったのが2018年。私は平成の間に8度も引っ越しを経験したが、すべての家にさくらさんの漫画を持っていった。手元にある『ちびまる子ちゃん』のコミックスを見ると、1巻から5巻を1990年に購入している。小学校でアニメが大流行した時に近所の書店で買い揃えたものだ。どれもページが薄茶色に焼けている。そこから現在に至るまで、文字通りこの漫画たちと一緒に生きてきたのだと思うと、なんだかグッとくるものがある。

今から書いていくのは、そんな私の個人史を通じて見えてきた「さくらももこと平成」についてだ。小学生の私にとっては流行のアニメだったし、中学生の時は『スラムダンク』やお笑いブームに乗れない自分を癒やしてくれる作品だった。また、受験生の時は息抜きのお供になってくれたし、20代の自分にとってはサブカル男子の自意識を支える最後の砦《とりで》のような存在だった。そして30代になり、特にジェンダーの問題に興味を持つようになってからは、『ちびまる子ちゃん』や『コジコジ』が多様性のお手本のように感じられるようになった。時代によってさくら作品とのつき合い方は変化してきた。そしてそれは、平成という時代の変化とどこかリンクしているようにも思う。

『ちびまる子ちゃん』はご存じの通り、作者の実体験がモデルになっている作品だ。作中のまる子は永遠の小学3年生（この設定は『サザエさん』をお手本にしたそうだ）で、誕生日を迎えても9歳のまま。さくらさんは1965年生まれなので、計算すると舞台は1974〜1975年の静岡県清水市（現・静岡市清水区）ということになる。私は1980年生まれで、東京の足立区にある北千住《きたせんじゅ》という町で育ったため、当時の清水を直接は知らない。しかし、近所には駄菓子屋がたくさんあったし、町内の連絡網は回覧板だったし、学校帰りの道端には、子どもたちに手品グッズや昆虫を売る怪しいおじさんがよく出没していた（コミックス1巻の第1話参照）。作品世界は自分たちの日常と地続きだった。

そんな背景があったからか、小学校ではアニメの放送開始と共にちびまる子旋風が巻き起こった。それまで教室では、女子は光ＧＥＮＪＩ、男子は『ドラゴンボール』が流行の中心だったが、この作品の場合はブームに男女の垣根がなかった。この年、クラスメイトのひとりが転校するにあたり、お別れ会の演《だ》し物《もの》としてみんなで『ちびまる子ちゃん』の劇をやった。自分は「えびすくん」という、初期のほうによく登場していて、〝ズバリ〟でおなじみの丸尾くんと学級委員の座を争ったこともある男子の役を担当した。「おどるポンポコリン」（Ｂ．Ｂ．クィーンズ）と「ゆめいっぱい」（関ゆみ子）を毎日カセットテープで聴いていた。

この頃と言えば、日本はバブル経済の真っ盛りにあった。この好景気は体感した人とそうでない人で印象がかなり変わると言われるが、私は子供ながらにバブルの恩恵をジャブジャブに受けていた。実家は北千住の外れにある商店街で電器屋を営んでいたのだが、当時は小売店の立場がとても強かった。シャープやナショナルといった家電メーカーの営業マンが私の送り迎えをしてくれたり、近所に住むお金持ちの社長が毎週末お寿司や焼肉に連れて行ってくれたり、電器屋の特権を活かして友達よりもいち早くスーパーファミコン（しかもテレビ内蔵型）を手にしたりと、今思うと信じられないようなことが多々起きていた。両親が言うには、年末商戦の時期になると家電が飛ぶように売れ、店のレジが1万円札であふれて閉じなくなったそうだ。

振り返ると、ギラギラした時代だったように思う。テレビではまだアラサーだったとんねるずやダウンタウンが活躍し、「24時間戦えますか」という勇ましいCMソングも流れていた。１９９３年に私は中学生となり、受験をして私立の男子校へ進学したのだが、その年はJリーグが開幕し、また空前の『スラムダンク』（井上雄彦）ブームも起こっていて、１学年約２００人のうち、サッカー部とバスケ部に入る者が大半を占めるという異常事態になった（ほとんどはすぐに辞めてしまったが）。

社会やメディアに漂うオラついた空気が男子校にも感染していたのかもしれない。バスケ部に入った者は、流川楓《るかわかえで》や三井寿《ひさし》、宮城リョータなどに自らをなぞらえ、キャラクターとお揃いのバスケットシューズ（バッシュ）を履いて悦に入っていた（桜木花道と赤木剛憲《たけのり》に自分を重ねる者は不思議と少なかった）。お笑い番組も大人気で、特に『ダウンタウンのごっつええ感じ』の放送翌日にはコントをまねしてウケを取ろうとする者が教室にあふれた。

個人的に、こういうムードがどうしようもなく苦手だった。『スラムダンク』のキャラに自分を重ねている人たちが本当に気持ち悪く、それが原因で本家の漫画にも拒否感を抱くようになってしまった。同じ理由で『ごっつええ感じ』もほとんど観たことがない。なんというか、大縄飛びに入っていけない時のような恐怖心や疎外感があったし、男子特有のヒーロー願望とナルシズムが混ざったような陶酔を心の中で見下している部分もあった。この優越感と現実逃避が混ざったようなマインドだっていかにも男子的ではあるのだが……そんな中学男子の自分を癒やしてくれたのが『ちびまる子ちゃん』や『神のちから』だった。

## 「さくらももこに裏切られた」と感じた理由

『神のちから』は1992年に出版された短編集だ。『ビッグコミックスピリッツ』（小学館）で不定期連載していた作品が17本収録されている。私は中学生の時に初めてこの漫画を読み、冗談抜きでゾッとする恐怖を覚えた。大好きなさくらももこに裏切られたような感覚もあった。そこに描かれていたのが『ちびまる子ちゃん』の世界観とまるで異なるものだったからだ。

「すごいへそをもつあめりかじんの巻」という話がある。それはこんな話だ。とある平凡な家庭に、「カミナリから生まれた」と語るアメリカ人が突然やってくる。アメリカ人は一家の主人に「私のヘソをのぞけ」と言う。主人が顔を近づけると、なぜかヘソの中に吸い込まれてしまい、暗く長い階段を歩いた果てに、主人は大勢の美女が踊るお城へとたどり着く。そこにも先のアメリカ人がいて、再び主人はヘソに吸い込まれる。そして家に戻ることができ、家族は安堵に包まれるのだが、今度はアメリカ人がカミナリ雲を呼び、雲がゴロゴロゴロと音を立てて近づいてきた。しかしその雲の上には、どういうわけか、ゴロゴロとうがいをする大勢の男が乗っていた――という話だ。

言葉で説明してもさっぱりわからないと思うが、漫画で読んでも同じくらい意味がわからない。ベタに形容すれば〝ナンセンス〟や〝シュール〟ということになるのかもしれないが、ほのぼのした『ちびまる子ちゃん』の世界観とはまったく似ても似つかない。

この落差に最初はショックを受けた。さくらももこが狂っちゃったんじゃないかと心配もした。しかし何度か読み返すうちに、だんだんと可笑《おか》しさを覚えるようになってきた。「すごいヘソを持つアメリカ人ってなんだよ……」「なんでそこで家族は安心感に包まれちゃうんだよ（笑）」と、意味はわからないんだけど、うまく説明もできないんだけど、確かにおもしろいと感じている自分がいる。今考えると、これは自分にとって「サブカルチャーへの目覚め」だったのかもしれない。

さくらももこの作品群を自分なりに分類してみると、横軸に「（A）感動」「（B）笑い」があり、縦軸に「（I）大衆的」「（II）ナンセンス」がある4象限に配置することができる。今挙げた『神のちから』はIIBの極みに位置し、それより少し大衆寄りのところに『神のちからっ子新聞』や『まんが倶楽部』がある。そこからもう少し中央寄りに『コジコジ』や『永沢君』があり、『ちびまる子ちゃん』の漫画版が全体図のちょうど真ん中だ。アニメ版になるともう少し大衆側に寄り、まる子の青春時代を描いた『ひとりずもう』や、『大野君と杉山君』『わたしの好きな歌』『キミを忘れないよ』といった映画原作になると、それがさらに感動寄りになっていく（＝IAの極み）。ちなみに最新作の『ちびしかくちゃん』は、『ちびまる子ちゃん』の漫画版をひたすらナンセンス側に振り切らせた作品だ。

この分類に沿って考えてみると、『ちびまる子ちゃん』のアニメ版から入り、ほのぼ

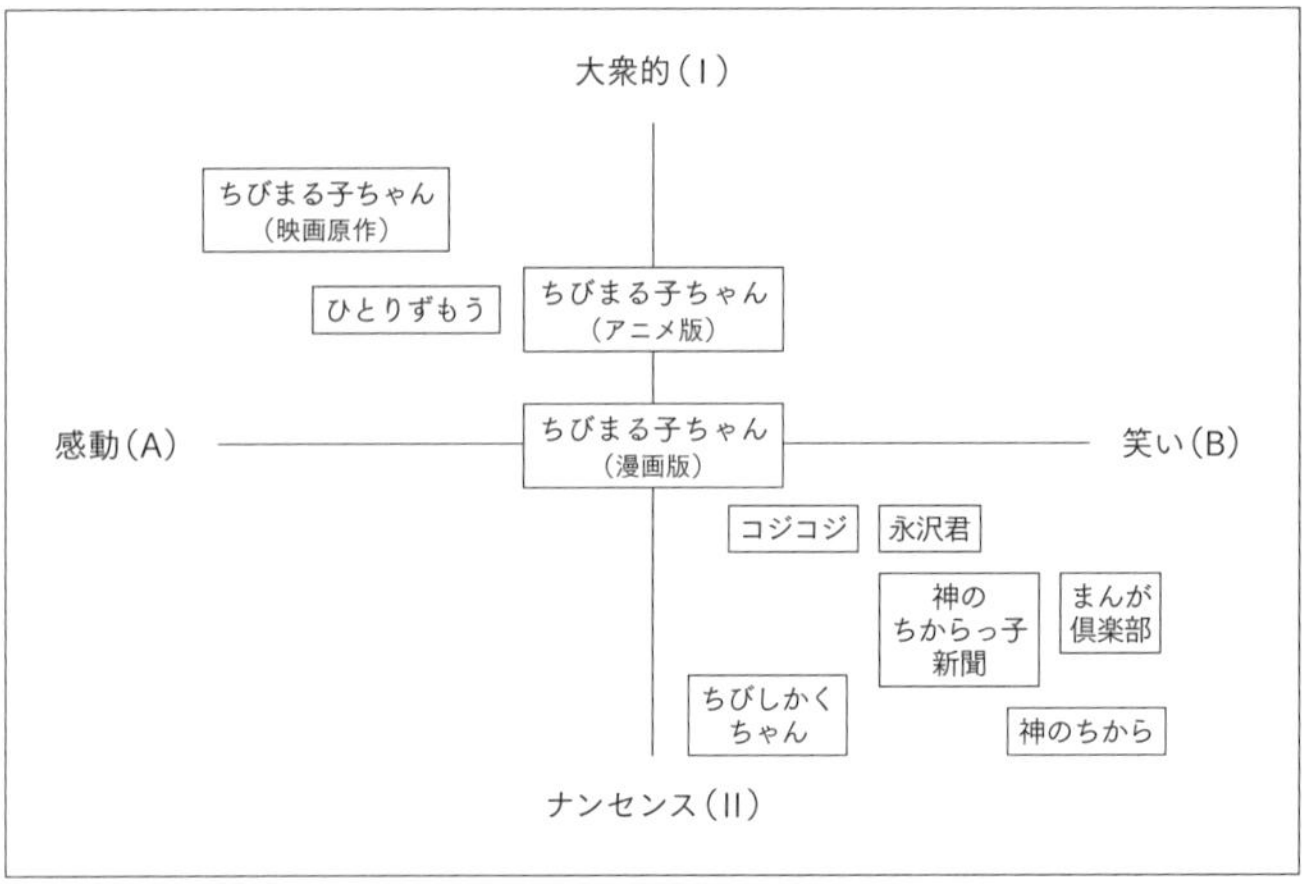


のした世界観に魅了され、映画でもいたく感動した自分にとって、中学生の時に読んだ『神のちから』は、ＩＡ（大衆的×感動）からⅡＢ（ナンセンス×笑い）へという、およそ正反対の読書体験だったことがわかる。最初はこの差に戸惑ったわけだが、ⅡＢサイドをおもしろがれる感覚が芽生えたことは、『少年ジャンプ』的な世界観に乗れなかった自分の癒やしになった。「さくらももこのこういうセンスを理解してる人間は俺だけだぜ！」という、今思うととても痛々しい自意識が自分を支えてくれた部分が確かにあったし、学校で『神のちから』を読んでるやつに出会おうものなら、おもしろいモノ好きの野口さんがまる子に親近感を抱

いたように、「お前わかってるじゃん」「センスを共有できる仲間がいた！」という、ある種の選民意識にも似た高揚感を覚えた。

私は中学3年生になっていた。平成7年、西暦でいうと1995年だ。この頃になるとバブル崩壊の影響が町の電器屋にも波及していて、子供の目にもわかるほど売り上げが激減。また、国道沿いに大型のスーパーや家電量販店ができ、商店街は見る見る活気を失っていった。うちも赤字経営になり、持ち家を売るハメになった。電器屋の店舗面積を半分にし、残り半分を住居用にリフォームした。私は15歳にして自分の部屋を失い、6歳下の妹とひとつの部屋をシェアするかたちになった。お寿司や焼肉に連れて行ってくれた近所の社長は夜逃げをした。

世間では阪神・淡路大震災、そしてオウム真理教による地下鉄サリン事件が起きていた。暗いニュースが増え、本格的な不況が叫ばれていたけれど、街にはミスチルや小室ファミリーの歌が流れ、テレビではダウンタウンやウッチャンナンチャンが活躍していた。妹が早く寝てしまうため部屋でテレビを観られなかった私は、枕元の読書灯をつけ、『ちびまる子ちゃん』や『神のちから』をくり返し読んでいた。

## “受験型モデル”の呪縛

コミックス版『ちびまる子ちゃん』の8巻に、「まる子ノストラダムスの予言を気にするの巻」という話が収録されている。教室でブー太郎から「1999年7月に人類は滅亡する」というノストラダムス（ルネサンス期に活躍したフランスの占星術師）の予言を聞いたまる子が、「どうせ死ぬんだから」と開き直ってテスト勉強をサボろうとし、家族から心配されるというエピソードだ。

今から約20年前、まる子の世界から見ると25年後に当たる1999年、私は予備校に通う浪人生だった。中学から大学までエスカレーター式の学校に入れてもらったにもかかわらず、私はまる子のように怠惰な生活を送り、高3の時にすべての受験に失敗した。家を売るほどお金に困っていた両親に「大学は奨学金で通うから」と頭を下げ、浪人させてもらった。人生で初めてお尻に火がついた私は、英語・国語・世界史の3教科に絞って予習復習を徹底的にくり返し、毎朝6時起き、休みの日も自習室に通うというストイックな日々を送った。

コミックス4巻には「夢の音色」(ももこのほのぼの劇場)という、さくらさんがデビュー前の日々をつづったエピソードが掲載されている。テストでおもしろ半分に書いた作文が意外な高評価を受け、「現代の清少納言」とまで褒められて気を良くしたさくらさんは、そこで「エッセイ漫画」というアイデアを思いつく。そこからひたすら漫画を描き、『りぼん』に投稿する日々がはじまる。最初は選外だったのが「もうひと息賞」になり、夢だった漫画家への道が拓けてくる。「チャランポランなわたしが人生でこんなにいっしょうけんめいになったことはなかった」と、あのまる子が将来に対していよいよ本気になった。浪人生の私はこれを読んで自分の姿を重ねたりした。その結果、憧れの大学に合格した。もちろん人類は滅亡しなかった。

あれから20年経った今振り返ってみても、この時ほど努力をした1年間はなかったと思う。毎週日曜日に1週間分の予定表を作る。1日を朝昼晩の3ブロックに分け、取り組む問題集のページや暗記する単語の数まで、勉強のノルマを細かく設定。水曜と土曜に少しバッファを設け、クリアできなかった分をそこで補完する。そんなガチガチのスケジュールをひたすら真面目に消化していった。このやり方で成績はめきめき伸びたし、現役時代には考えられなかった早稲田大学にも合格できたわけで、受験生としては大成功だった……のかもしれないが、この時培った習慣が、大学生になってからしばらく——ヘタしたら現在に至るまで、まさか自分を苦しめることになるとは思ってもみなかった。それは〝受験型モデル〟の呪縛とも言うべき苦しみだ。

改めて考えると、受験勉強というのはよくできたシステムだ。学ぶべきことの範囲がカリキュラムとして整備されていて、授業や参考書を通じてそれらを習得し、テストで実力試しができる。学部（横軸）とランク（縦軸）で細かく目標設定ができ、テストのたびに偏差値という指標で自分の現在地を確認することもできる。そして、基本的には努力しただけ成長できるようになっていて、本番の入学試験で合否という最終結果が出る。今はAO入試や推薦入試が増えていて、学力以外の実績や面接でのプレゼンテーションも重視されるようになっているというが、私が受験生だった当時はまだまだ「覚えて解く」が基本だった。

確かに私は、受験生としてよく頑張ったと思う。「もうこれ以上は無理」と思えるほど、ポテンシャルの限界まで学力を伸ばした。早稲田の入試に特化した対策をしていたので慶應の試験はさっぱりわからなかったし、ましてや東大など、何年浪人したって絶対に受からないと思う。もともと豊かでない土壌に必死に水と養分を注入し、土をかき集めて固めて高く積み上げ、なんとかギリギリ目標のラインに届いた——というのが私にとっての受験だった。

この1年間により、「外から与えられた課題を頑張って打ち返していくこと」が努力や勉強なのだという感覚が根づいてしまった。先に〝受験型〟と呼んだのはこのような思考モデルで、私は長い間これに囚われ続けることになる。受験生の時は合格という目標がデフォルトで設定されていたが、大学生にさしたる目標はない。大学は基本的に放任主義だし、講義や試験も偏差値を上げるためのものではない。やりたいことも、やるべきことも、自分で見つけていかねばならない。努力と結果が正比例してくれる世界ではないし、究極的には何もやらなくたっていい。私はその寄る辺なさに戸惑いまくった。好奇心や探究心が原動力になっているわけじゃないから大学の講義にまったく興味が持てなかったし、語学の授業も難しすぎて全然ついていけなかった。そして私は血迷って漢字検定1級を目指した。今思うと単に受験型モデルにすがりたかっただけだと思うが、一時期、私は見たことも使ったこともない漢字の習得に熱を上げていた。でも結局はモチベーションが続かず、準1級すら取れずに挫折した。結果、1年次の単位をほとんど落とした。

一方で私は、友達に誘われてミニコミを作るサークルに入っていた。考えた企画や書いたテキストが誌面になって人の手に渡っていくプロセスはとても刺激的だったし、そこにはサブカルチャー好きの仲間もたくさんいて、自分にとって大事な居場所となっていた。中高時代はさくらももこの他、吉田秋生の『BANANA FISH』や『YASHA—夜叉—』、古谷実『行け！稲中卓球部』、天久聖一&タナカカツキによる『バカドリル』、吉田戦車『伝染るんです。』、浦沢直樹&勝鹿北星『MASTERキートン』などがバイブルだったし、大学生になってからは友人の薦めもあり、つげ義春、水木しげる、杉浦日向子、根本敬、蛭子能収、漫☆画太郎、いましろたかし、長尾謙一郎などの漫画を夢中で読んだ。町田康、野坂昭如、川上弘美、保坂和志、ナンシー関といった作家たちの書くものにも魅了された。この時期、好きな作品に耽溺することの悦楽を体験できたのは大きな財産だと思う。しかし私はだんだんと漫画や小説が楽しめなくなっていった。なぜなら、人と勝手に比べて落ち込む〝比較思考〟の沼にハマり込んでしまったからだ。

## 「男なのにさくらももこ」という逆張り意識

これは本当に〝サブカルあるある〟だと思うが、自分よりも知識が豊富で、作家や作品について詳しく語れる人に出会うと、なぜか自信を失い、アイデンティティが崩壊するという現象がある。私も完全にそれに陥った。大学には漫画や文学に詳しい人がうじゃうじゃいた。「俺がサッカーとかやってる間、この人たちはずっと映画や音楽に浸り続けていたんだ！」と、それまでの人生がすべて無駄だったように思えてきて、劣等感を激しく募らせた。そして、「これからは毎日1本映画を観るぞ！」「本も月に20冊は読まねば！」と、ここでも受験型モデルを発揮して自分にノルマを課した。朝起きて映画を1本観る。大学では授業をサボって図書館で読書。こう書くと優雅な生活にも思えるが、ノルマだから苦しいし、「芥川賞やアカデミー賞の受賞作を網羅するぞ！」みたいな感じで作品を選んでいたため、読書や映画鑑賞がまったく楽しいものではなくなった。そんな中で、ちっぽけな自意識を支える最後の砦になったのがさくらももこだった。

2000年代のさくらさんと言えば、すでに「ちびまる子ちゃん」は『りぼん』での月刊連載を終えていて、描き下ろしという形で不定期連載を続けつつ、編集長として〝ひとり雑誌〟『富士山』を刊行したりしていた。『ちびまる子ちゃん』を嫌いだという人はいなかったが、メインカルチャー（あるいは女子カルチャー？）と見られていたからか、周囲にいるサブカル男子には『永沢君』や『コジコジ』まで熱心に読んでいる人は少なかった。「俺にはこれしかない！」と思った。「男なのにさくらももこ」という逆張り意識も正直あった。さくらももこ論を語れるようにならねばという気持ちで作品を読み返した。

そして私は、さくら作品に流れる「1キャラ1特性」という法則を発見した。例えば『ちびまる子ちゃん』や『永沢君』で言えば、まる子は「おっちょこちょい」、お姉ちゃんは「真面目」、友蔵は「騙されやすい」、たまちゃんは「優しい」、花輪クンは「金持ち」、永沢は「邪悪」、藤木は「卑怯」、山根は「胃腸が弱い」、小杉は「大食い」、山田は「バカ」、みぎわさんは「花輪クンが好き」、野口さんは「お笑い好き」……といったように、どのキャラクターも基本的にひとつの特性に従って振る舞い、それらをかけ合わせることによって話をまわしていく。これが「1キャラ1特性」の法則だ。この構造は属性をそのままキャラ化している『コジコジ』になるとより顕著になる。私はこのような視点でさくら作品を理解した……ような気になっていた。「みんなまる子は好きでも、誰もここまでちゃんとは考えていまい」というのが、アイデンティティ・クライシスに陥っていた自分を支える最後の砦だった。

しかし、結果的にこんな読み方をしても全然楽しくなかった。端的に言ってこれは他者から「すごい」と思われたいがために捻り出した理屈にすぎないし、あの愛すべきキャラクターたちを「物語をまわすための機能」としてしか見ない読み方もどうなんだろうという気になった。誰に話しても「ふーん」という反応しか得られなかったこともショックだった。そんなタイミングで、さくらももこ作品の魅力を再発見させてくれる新連載に出会った。2005年に単行本の1巻が刊行された『神のちからっ子新聞』だ。

その頃、我々のサークルが作っていた雑誌が運良く出版社の人の目にとまり、いろんな仕事をいただく機会に恵まれた。留年をして大学5年生になっていたが、マガジンハウスの『POPEYE』で連載を持ち、進研ゼミの教材では特集の記事づくりを担当していた。エロ本の白黒ページを好き勝手に作らせてもらうという仕事もあった。そんな中のひとつに小学館の漫画誌『ビッグコミックスピリッツ』で読者ページの投稿企画を考えるというものがあり、そこに連載されていた「神のちからっ子新聞」を毎回熱心に読んでいた。新聞という体裁の中にミニコーナーを詰めこむ企画自体は『神のちから』の頃からすでにやっていたもので、ファンには馴染みのフォーマットだったが、一般誌での連載だったためか昔よりもいくぶん大衆的になっていて、それがネタの魅力を引き立たせることにつながっていた。

例えば「ちからっ子の常識」というミニコーナーがある。気の抜けたイラストに短いキャプションがついているだけの企画だ。ある回では、大学教授のような、あるいは仙人のような雰囲気をまとった老人のイラストがあり、そこに「まるで偉人のような凡人」とひと言。また「加字山さんの新しい諺コーナー」では、諺っぽい一文が紹介されていく。例えば「つららの下を歩く」。これは「命がけで地味な事をするというたとえ」という意味だそうだ。

全体的に人を食ったような、それでいてどこか真理を突いているような、そんな雰囲気が漂う。『神のちからっ子新聞』の連載は2008年まで続き、単行本も4巻まで出た。自分も書き手としてこんな洒脱なものを書けるようになりたいと憧れを抱き、ゲラゲラ笑いながらくり返し読んだ。そんな中で見えてきたのは、もしかしたらさくらももことは意味や機能といったものにはほとんど興味がなく、感覚や偶然——つまり「感じてしまったこと」や「思いついてしまったこと」をひたすら描いてきた作家なのではないかということだ。『神のちから』が感覚的に可笑しかったのも、さくらさんの中に生じた「おもしろい」という感覚をそのまま描き出していたからなのかもしれない。そんなふうに考えてみると、『コジコジ』や『ちびまる子ちゃん』の見え方まで変わってくる感じがあった。

## 平成の先を照らすbe・ingの世界

ここ数年、私は大学時代の恩師から教わった「human being」と「human doing」という言葉が自分にとって重要なテーマになっている。どちらも「人間」を意味する英語だが、be・ingとは〝存在〟のことで、今ここにいて、何かを感じながら生きている人間を指して「human being」と言う。一方のdo・ingは〝行為〟のことで、何かを行い、その結果として得たものの総体として人間を捉える言葉が「human doing」となる。

私たちにはもちろんどちらの側面もあるわけだが、自分はこのふたつをいったん分けて考えてみることが大事だと思っている。なぜならこの社会が圧倒的にdo・ing重視だからだ。何をする人なのか、何ができる人なのか、何を持っている人なのか。社会はそんな眼差しで私たちの価値を計ってくる。この社会に生きていると、実績や偏差値、属性や肩書き、収入やSNSのフォロワー数などといった要素と無縁でいることは難しい。human doingとして生きることを求められている、と言い換えてもいいかもしれない。先に挙げた受験型モデルや「1キャラ1特性」の法則などは完全にdoing的な発想といえる。目標に向かって直線的に行動していくのも、すべての事象をひとつの法則に当てはめて演繹的《えんえきてき》に解釈しようとするのも、非常にdoing的な行為だ。

それで言うとさくらさんは、徹底的にhuman beingを描いてきた作家ではないだろうか（このbeingとdoingの考えにさくらももこを当てはめようとすること自体doing的ではあるのだが）。beingは「そこにあるもの」を認めることからしかはじまらない。「感じてしまったこと」や「思いついてしまったこと」は、たとえどんなにくだらない内容であっても捨てずに拾い上げ、そこからネタや物語を立ち上げていく。まさにbeing的と言える。自らの妊娠・出産体験をつづったエッセイ集に「そういうふうにできている」というタイトルをつけていたのも、beingを肯定していこうとする態度と無関係ではないだろう。

この原稿を書くにあたって『ちびまる子ちゃん』を久しぶりに読み返した。やっぱり全然〝ほのぼの漫画〟なんかじゃなかった。まる子はズルくてしたたかで、計算高くて見栄っ張りで、他人を利用したり、おちょくったり、騙そうとしたりする。仮病は使うわ、屁理屈はこねるわ、横着するわで、いつも母や姉を怒らせている。寝たい時に寝て、食べたいものを食べ、欲しいものをねだり、それらが叶わなければダダをこねる。自分を甘やかしてくれそうな人を瞬時に嗅ぎ分け、状況に応じてすり寄る対象を変える。もし現実にこのような人がいたら、こんなふうにまわりから愛されるだろうか。そんなまる子が国民的な人気者になったことの意義はものすごく重大だ。

私には自分の身に起きた変化や様々な出来事、接してきた人々や見聞きしてきたものなどを通じて感じたことしかわからないが、私が考えているのは、平成とは「真面目さの時代」だったのではないか、ということだ。「ｄｏｉｎｇの時代」と言い換えてもいい。

私が陥った受験型モデルの呪縛は、おそらく私固有の問題ではない。桃山商事には婚活で悩むアラサー女性がたくさん相談にやってくるが、彼女たちはみんなとても真面目だ。自分にノルマを課すように婚活へと出向き、反省と改善のＰＤＣＡサイクルをひたすらまわし、自分磨きを怠らず、結婚というゴールに向かって進んでいく。その姿はまるで受験生のようにも見える。しかし恋愛や結婚は努力と結果が正比例してくれる世界ではないため、頑張りが空転したり、理不尽な目に遭ったりすることも多々ある。その苦しさや虚しさにまつわる話をたくさん聞いてきた。

仕事や日常生活においても真面目さが求められる。テクノロジーによってどんどん洗練されていく世界では、無駄を省き、効率を上げていくことがお題目のように唱えられているし、マーケティングによって予《あらかじ》め最適解が設定されている世界では、それを速く確実に遂行していくオペレーション能力が求められる。対人関係でも無用なストレスを生まないよう、暗黙のルールを守りながらコミュニケーションしていくことが求められるし、「時間の無駄は悪、非合理も悪、意味のないことも悪」という価値観の中では、睡眠時間をなるべく削り、テンションやモチベーションを高く保ち、ひたすら生産性を上げていくことが志向される。

そんな環境にあっては、真面目なhuman doingとして生きることしか許されない。doingの世界は直線的で構築的だ。役に立たない思いつきはすべて無駄、フォルダに分類できない感情は邪魔なもの、論理的に説明できない気持ちは単なるわがままとして処理されてしまう。結果、私たちのbeingはどんどん抑圧されていくことになる。

２０１８年に話題となった野木亜紀子脚本のドラマ『獣になれない私たち』（日本テレビ系）は、規範やルールに囚われ、doingとしてしか生きられない女性の苦しみを描いた作品だった。新垣結衣演じる深海晶は、それが理不尽な要求であることをわかりながら、ブラック企業で求められる役割や期待に過剰適応してしまう。人間関係においても、その都度発生する感情や欲望より、その場の空気や相手の都合を優先させてしまう。こういった抑圧が知らず知らずのうちに自らの心を蝕んでいく。タイトルにある「獣」とはまさにbeingのことだ。同様のテーマを描いた話題作がここ数年増えているように感じる。坂元裕二脚本のドラマ『カルテット』(TBS系)もそうだし、漫画『凪のお暇《いとま》』(コナリミサト、2017年〜、秋田書店)もそうだし、2018年に再演されたモダンスイマーズの舞台『嗚呼いま、だから愛。』もそうだった。平成も終わりに差しかかった現在、私たちは真面目なhuman doingであることに疲弊し切っているのかもしれない。

まる子はとにかく欲望に正直で、自分に嘘をつかない。コジコジも、自分が感じたことに従って生きているだけだ。これは何も主人公たちだけではない。花輪クンも、永沢も藤木も、野口さんも、やかん君も、ゲランも、スージーも、ハレハレ君も、みんなbeingで生きている(まる子のお姉ちゃんだけdoing色が濃いのは興味深い点だ)。doing的な生き方が染みついてしまっている自分にとって、彼ら彼女らがとてもまぶしく見える。ぐうたらな猫やまぬけな犬のおもしろ動画を見ている時にも似た癒やしを感じるし、言いたかったけど押さえ込んでしまった言葉や、感じたけど消してしまった感情などを表現してくれるから、気持ちが救われるような気がするし、思わず笑わされてしまう。そこには真面目で息苦しい「べき論」はない。

先に「感動／笑い」「大衆的／ナンセンス」の軸でさくら作品を分類したが、その幅広さの根底にあるのもやはりｂｅｉｎｇなのだと思う。ｂｅｉｎｇを肯定された喜びが感動にいくか笑いにいくかの違いだけだし、多くの人が共感できた感覚が大衆的、極私的な感覚がナンセンスというだけの話であって、根っこは変わらないような気もする。さくらももこの世界は多様性に満ちている。しかしそれは、多様性を認めようと意識して作られたものではない。世界はそもそも多様なのであり、それぞれのｂｅｉｎｇをありのまま見つめていけばおのずと多様になっていく——。そんなふうにしてでき上がった世界なのだと思う。

私たちはhuman doingである前にhuman beingだ。「そういうふうにできている」のだ。私にとってさくらももことは、真面目な私たちに笑いと脱力をもたらしてくれるとともに、平成という時代の、さらにその先を照らしてくれる作家であり続ける。

# 生まれたからにはまだ死ねない

## 幸福で幸運で順風満帆、ではあるけれど

私は今、生後3か月になる赤子におっぱいをあげている。男性の私にもちろん乳房はない。しかし、哺乳瓶につけるシリコン製の乳首を胸につけ、抱いた赤子の口にぐいっと押し当ててやると、チューチューチューチューと勢いよく吸引してくれる。実態としては空気を吸っているだけだが、何かしらの鎮静効果があるのか、先ほどまでギャン泣きしていた赤子が嘘のように落ち着きを取り戻す。

育児における男女格差の議論が進み、「男性にできないことは出産と母乳以外にない」との声もよく聞くが、母乳に近しい行為なら俺たちにだってやれないことはない。エア母乳、または男っぱい。赤子との密着度が高く、脳内でオキシトシン的な何かが分泌さ

れている実感もあり、愛着形成にも有効ではないかと感じている。チューチューチューチュー。

2019年の秋、私たち夫婦の間に双子の女の子が誕生した。一卵性双生児のため見分けがつかなくなる恐れがあり、病院で装着された足首のネームバンドを産後しばらく外せなかった。生後2週間はバンドに記載された番号にならい、姉のほうを「1番さん」、妹のほうを「2番さん」と呼んでいた。名前は出生届けの締め切り寸前の、区役所の窓口でようやく決まった。それぞれの名前も段々としっくり来るようになり、さすがに見分けがつかなくなることもなくなった。

文筆業という在宅ワーカーのためほとんどの時間を赤子と共に過ごしており、ミルク、オムツ交換、沐浴、寝かしつけ、夜泣き、あやし、そしてまたミルク……というくり返しの日々にもずいぶん慣れた。双方の両親が手助けに来てくれる恵まれた環境にあり、こうやって原稿仕事に取りかかる時間も確保できている。双子たちはすくすく成長し、かわいさの余りiPhoneの写真フォルダが赤子たちで埋め尽くされている。幸福で幸運で順風満帆だと、我ながら思う。

しかし、私はいまだにこの人たちのことを「娘」と呼ぶことができない。戸籍の上でも生物学的にも親子なのは間違いないと思うけど、彼女たちが娘で、自分が親であるという現実に、ストレートに没入できないような感覚が正直ある。これは親になったばかりの人が抱くあるあるの感覚なのかもしれないし、お腹に子を宿すことのできない男性という性別ゆえのことかもしれないし、単に己の未熟さや自意識過剰から来る問題なのかもしれないが……ここにふたつの生命が誕生し、ふたりの人間が生きることをスタートさせ、そこに親という立場で関わり続けることの意味を、私はまだうまく咀嚼《そしゃく》できていない。

## つわりで苦しむ妻を前に

妊娠7週を過ぎた頃、妻のしおりさんはつわりにひどく苦しんでいた。この「〇週」や「〇か月」というのは最後の月経がはじまった日を起点に数えていくそうで、体感としては妊娠が発覚してわりとすぐにつわりがはじまったような印象だった。当時つけていた日記を読み返すと、しおりさんはときおり漂う下水のニオイ（古いマンション住まいゆえ……）にとても敏感になっており、寝床を別の部屋に移し、マスクを二重にして生活していた。りんごやゼリーしか食べられない日もあれば、マクドナルドのハンバーガーやフライドポテトが無性に食べたくなる日もあり、はたから見ても体内環境が激変していることが感じられた。

私は病院や保健所でもらったいくつかの資料を参考にしながら、母体と胎児が日々どのように変化していくかを追いかけながら生活していた。それらによれば胎児はまだ米粒程度の大きさで、心臓の原型ができ、血管が発達し、頭部と身体の境目がハッキリしてきて、両生類のようなフォルムだったのが徐々に哺乳類っぽくなっていくという時期だった。猛スピードで進んでいく生命の基礎工事……私はマンションが建てられていく様子を俯瞰の固定カメラで捉えた早回しの映像をイメージした。また、女性の友人から「つわりは二日酔いの苦しさが毎日続くようなもの」と聞いて心底つらみを感じたこともあり、そういった想像の経験が妊婦へのケアなどを通じて多少は役立った実感がある。

しかし、私の身体にはなんの変化もないままだ。この頃、しおりさんは自転車から降りる際に足をひっかけ、そのまま横転してしまったことがあった。そのことにひどく落ち込み、お腹の赤ちゃんに万が一のことがあったらどうしようと激しく動転していた。それからほどなくして、ナプキンに少量の出血があった。すぐに病院で検査してもらい、胎児に別状はなく、そういった出血も妊娠時にままあることだと知らされた。

確かにひと安心だったが、私は軽い戸惑いも覚えていた。はたして自分は彼女と同じように心を痛め、同じように胸をなで下ろせていたか、自信が持てなかったからだ。それが彼女に伝わり、「薄情な人間だな」「所詮は他人事なんだろ?」などと思われているんじゃないか……と妙な自意識に囚われていた。

当時の日記には自分が担当した料理の献立がメモされているが、焼きそば、肉野菜炒め、パスタ、白菜の味噌汁など、自分の好きなものばかり作っている。彼女もおいしいと言って喜んでくれたが、つい好みで濃いめの味つけをしてしまうことにうっすらと罪悪感を抱いていた。

胎児は9週目を過ぎ、手足が伸びてきて人間らしいかたちに成長してきているという。自分が作った焼きそばや買ってきたサンドイッチがその養分になっていることを思うと、なんだか恐ろしいような、それでいて背筋の伸びるような心地になった。そして2度目の健診日で双子だということが判明した。とても驚いたが実感はわかなかった。この日は4月30日。平成最後の一日ということで、どことなく大晦日にも似た空気が漂っていた。「令和」という響きにもまだ慣れない。

## 男性として得ている〝特権〟

2019年の夏はなかなかの忙しさだった。6月には桃山商事の新刊『モテとか愛され以外の恋愛のすべて』(イースト・プレス)が、そして7月には初めての単著となる『よかれと思ってやったのに』が出版され、レギュラーの仕事にそれらのプロモーション活動が加わり、毎日バタバタと暮らしていた。

しおりさんのお腹はどんどん大きくなっていた。彼女の子宮には元々7センチ大の筋腫が2つあり、そこに双子が宿ったこともあって、お腹の張りを成長の証と素直に喜ぶことはできなかった。しかし彼女は生来の楽観的な性格ゆえか、あるいは妊娠状態に慣れたことによるものなのか、押し出された出ベソを見せつけてきたり、ローライズ状態になってしまうパンツからはみ出た陰毛を見てケラケラ笑ったり、わりと楽しそうに日々を過ごしていた。仕事にも行き、趣味の観劇や映画鑑賞も続けていた。

『よかれと思ってやったのに』は、これまで女性たちから寄せられてきた「男性に対する不満や疑問」にまつわる約800のエピソードを元に、仕事や日常生活、また恋愛や結婚を含む人間関係の中で男性がやらかしがちな失敗を20のテーマに分類したものだ。

エピソードをリストに並べてみると、すべて異なる女性たちから聞いた話であるはずなのに、登場する男性は同一人物なのではないか……と思うくらい似通った言動が目立つ。謝らない、話を聞かない、すぐ不機嫌になる、何かと適当で大雑把、「ほうれんそう」が遅すぎる、女性の身体について無知すぎる……などなど、当事者としての自己省察も織り交ぜつつ、なぜ我々男たちはこういった言動をくり返すのか、そこにはどんなメカニズムが働いていて、それらとどう向き合っていけばよいのか、担当編集さんと共に1年半の歳月をかけて作り上げたのがこの本だ。

大量のエピソードを通して見えてきたもの、それは閉じた関係性の中で露呈する男性たちの「甘え」や「油断」だった。背景にはおそらく、男性優位な社会構造において所与のものとなっている〝特権〟が関与している。特権というと物々しく感じるが、それは「考えなくても済む」とか「やらなくても許される」とか「そういうふうになっている」とか、意識や判断が介在するもっと手前のところの、環境や習慣、常識やシステムといったものに溶け込むかたちで偏在しており、その存在に気づくことなく享受できてしまう恐ろしいものだ。

夏が過ぎて秋になる頃、双子の入ったしおりさんのお腹まわりは90センチを超える勢いだった。単胎妊娠であれば臨月クラスの大きさだ。私は出産後の態勢を早く整えなければと、精力的に仕事をこなしていた。抱えている仕事を整理し、育児や産後ケアのためのバッファを作ろうと思っていたが、刺激的なオファーがあればホイホイと引き受けてしまい、なかなか生活を変えることができなかった。しおりさんが外出困難な状態になっている一方、私は依然として好きな仕事を好きなだけできてしまっている。「ミルク代を稼がなくちゃ」など自分の行いを正当化してくれるエクスキューズもそこかしこに用意されており、男性特権とは蟻地獄のようなものだと痛感する。

もともとは12月2日が予定日だったが、母子の状態を考慮して11月13日に帝王切開で出産することが決まった。いつ破水してもおかしくない状態に入ってきたということで、手術の3週間前からしおりさんは区内にある大きな病院に入院することとなった。彼女が産科に入院するのは、実はこれが2度目のことだった。

## ブンちゃんのこと

2019年11月13日。私は朝早くから区内の病院まで自転車を飛ばした。手術は8時半からで、順調に行けば1時間もかからないうちに出産が終わるとのことだった。とにかく母子ともに無事であって欲しいという気持ちでいっぱいだった。帝王切開は手術なのでいわゆる「立ち会い出産」はできない。私はしおりさんの両親と共に小さな待合室のようなスペースで待機していたのだが、義父と義母に「孫が生まれるってどういう気持ちですか?」などと間抜けな質問を投げかけていた。自分が双子の親になるというリアリティは、この期に及んでもまだ希薄なままだった。

出産予定日の前夜、私は部屋で白い箱を抱きかかえ、ぼんやり時を過ごしていた。箱の中には小さな骨が入っている。それは前年の春に死産となって火葬した、私たち夫婦が初めて授かった子どもの骨だ。

最初の妊娠がわかったのは2018年の2月上旬頃だった。めっきり夫婦生活が控えめになっていた我々は「的中率やばい(笑)」と驚き合った。初めてもらったエコー写真に静かな感動を覚え、リングノートのポケットに入れて持ち歩いていた。思いつきで出てきた「ブンちゃん」という名をふたりで気に入り、ブンちゃんブンちゃんと呼びながら妊娠の実感を育てていった。この時はしおりさんのつわりがほとんどなかった。平常通り暮らしていて、何か特別なことをしていたわけでもないが、3月から4月という季節柄、桜を見たり散歩に出かけたりと、ウキウキした気分で日々を過ごしていたように思う。

ところがまもなく安定期に入ろうとしていた矢先、定期健診でブンちゃんの心拍が停止していることを突然告げられた。あまりに不意打ちの知らせだったので、今からなんらかの蘇生処置がはじまり、最終的には助かるのかなと思ったりした。これが「ちょっとマズい事態」どころではなく、胎児死亡という揺るぎない現実であると認識するまでに、時間にしたらどのくらいだったかは定かでないが、感覚的には2拍か3拍くらいの間を要した。しおりさんも絶句し、ほどなくして涙を流しはじめたが、「こういうこともあるんじゃないかとは思っていた」と語り、呆然としながらも現実と向き合おうとしているように私からは見えた。

原因は不明とのことだった。「わからない」という状況は無限の推測を引き起こしかねない。恋愛相談の現場では、理由がよくわからないまま別れを切り出されたり、音信不通のまま去られたりしてしまった人たちの話を聞く機会が少なくない。別れは仕方ないがせめて納得はしたいと、彼ら彼女らは理由や原因を必死に探そうとする。しかし相手はもう目の前におらず、対話によって原因を探ることはできない。そうしてはじまるのが、過去のあらゆる可能性を振り返り、「あの時のあの対応がよくなかったのではないか」「私がああしていれば別れることはなかったのではないか」などと無限に考えをめぐらせ、自分のことを責め続けてしまう〝推測地獄〟だ。

女性の先生は左利きで、紙にボールペンを小気味よく走らせながら淡々としたトーンでその後の流れを説明してくれた。すでに妊娠16週に入っており、それが流産ではなく死産になること。出産というかたちを取るため早々に入院する必要があること。そのあと火葬する必要があるため区役所に行って火葬許可証を取らねばならないことなど……ブンちゃんの順調な成長を聞きに来る場だと思い込んでいた定期健診は、一転してシビアな舞台となった。私は待ち時間の間、しおりさんにこの出来事を自分のせいだと思っていないか、無限に原因を考えてしまってはいないかと尋ねてみたところ、「それはない」と彼女は答えた。そして自転車をゆっくりこぎながら帰宅し、しおりさんはそのまま会社に出勤していった。

## 生と死のことを苛烈に描いた『浮標』

劇作家で俳優の長塚圭史さんが立ち上げた「葛河思潮社《くずかわしちょうしゃ》」というプロジェクトがあった。私は2011年の旗揚げから「文」という風変わりなクレジットでそこに参加していた。パンフレットの制作やチラシのコピーライティング、時にはプロモーション記事のまとめなど、公演まわりのテキスト全般を担当するという役職だった。葛河思潮社は年1回のペースで合計5度の公演を打ったが、そのうち3回は昭和の劇作家・三好十郎が書いた『浮標《ぶい》』という作品を選んでいる。このようなハイペースで初演、再演、再々演を打つのは演劇界でもかなり異例のことだという。長塚さんをはじめ、スタッフ一同はそれほどこの作品に魅せられていた。

生活の困窮、芸術の危機、最愛の妻の病苦。「死」と隣り合わせの状況にあって、それでも尽きない「生」への執着――。〝人間〟を描き抜いた三好十郎の長編戯曲に長塚圭史が挑む！

これは当時、私がチラシに書いた宣伝用のコピーだ。主人公の洋画家・久我五郎は、「不治の病」と言われた結核を患う妻の美緒を、お手伝いのおばさんと一緒に海辺の家で看病している。かつて天才画家と言われた五郎だったが、共産主義に傾倒して絶望した過去があり、芸術の世界に渦巻く政治にも嫌気がさし、今は絵本の挿絵仕事で糊口をしのぎながら細々と自分の絵画を追求している。しかし妻の看病には金がかかり、家賃すら半年以上も払えていない。そんな中、大家さんや金貸し、妻の家族や知り合いの医師、出征する旧友など、久我家には様々な客人が訪れる。

五郎は妻が死ぬことを受け入れることができない。しかし信念を曲げてまで絵を金稼ぎの手段にすることもできない。そんな葛藤を抱えながら、なんとか美緒の生き延びる道を模索する。弱りゆく妻や忍び寄る戦争の影を前に芸術の意味を見失いかけ、宗教や民間療法にすがり、「見込みは薄い」と語る医師に食ってかかる。科学はなんのために発展しているのか。神様はなぜ人間を創ったのか。4時間を超える舞台の上で五郎は炎のようにもがき続け、最終的に行き着いたのが「生」の喜びを直接的に賛歌する万葉集の詩歌だった。

万葉人達の生活がこんなにすばらしかつたのは、生きる事を積極的に直接的に愛してゐたからだよ。自分の肉体が、うれしくつてうれしくつて仕方が無かつたのだ。（中略）死んだらそれつきりだと思ふからこそ此の世は楽しく、悲しく、せつない位のもつたい無い場所なんだよ。

（三好十郎『浮標』）

結局、美緒の病気が治ることはなかった。五郎が妻の死を受け入れられたのかはわからない。しかし、美緒と一緒に万葉集の詩歌を読む中で、美緒が生きてきたこと、そして今なお生きようとしていることがすべてであり、それが素晴らしいことなのだという考えに至る。最期の瞬間まで生命にしがみつこうとする五郎の執念を何度も何度も目の当たりにし、『浮標』は私にとって生と死を考える上でとても重要な作品となった。

## 生まれた命と産まれることのできなかった命

双子たちは順調に成長し、生まれた頃の2倍以上の体重になっている。肌は信じられないほどつるつるで、まさに生命力の塊という様相を呈している。ミルクを飲み、排泄をし、何か要求があれば泣き叫び、大人たちに抱っこをされ、機嫌が良いとニコニコ笑い、それ以外はこんこんと眠り続けている。「生きる」ということしかしていないその姿は実に清々しい。五郎が万葉人に感じた魅力もこういうものだったのかもしれない。

ブンちゃんが生きていたら、こんな感じでミルクを飲んだり泣き叫んだりしていたのだろうか。あり得たかもしれない彼の人生を思い、唐突に泣けてしまうことがときどきある（どうやら男児だったようだ）。範宙遊泳の『うまれてないからまだしねない』（２０１４年初演）は、産まれることのできなかった胎児のあり得たかもしれない人生がモチーフのひとつになっている演劇作品だ。３・11を想起させる終末的な世界観の中で、「どうせ死ぬことになる命をなぜ生むのか？」という問いかけがなされる。仮に生命の発生を「生まれる」、胎児の分娩を「産まれる」と表現し分けるとするならば、ブンちゃんと呼んでいたその生命は、確かに生まれた。手のひらにも満たない小さな身体だったが、手足があり、目も口もおぼろげながら確認できた。もちろん思考なんてしないだろうし、感情や記憶もないだろう。それでも私はときどき、小さな白い箱に向かって「調子はどうですか？」「今はどんな気分ですか？」と問いかけてしまう。生きて産まれることはできなかったが、この人が生きた時間は確実に存在していた。

しかし一方で不思議な気分にもなる。もしブンちゃんが元気に産まれていたら、この双子たちは確実に存在しなかったことになる。妹や弟ができる可能性はあっても、この受精卵から生まれたふたつの生命は絶対に存在しなかった。もっとも、そんなことを言い出したらキリがない。もし私が一度でも多く自慰行為をしていたら、しおりさんの月経が少しでもズレていたら……。いや、人生のあらゆる選択が、あるいは両親祖父母祖先の歴史がひとつでも違っていたら、この双子は存在していなかった。こういった、「天文学的」という言葉でも到底言い表せないような恐ろしい確率の結果としてすべての生命が存在していることを思うと頭がクラクラしてくる。双子が生まれたのはブンちゃんの死があったからだとはやっぱり思えないし、「双子になったのは亡くなった子の生まれ変わりだよ」と言ってくれる人も多いが、それが励ましの声だということはわかっていても、私にはどうしてもそうは考えられない。生まれた命と産まれることのできなかった命のことをどう考えればいいのか、いまだによくわからないのが正直なところだ。

しかし、それでも毎日育児は続く。育児というといかにも「育てている」感じがするが、実際には双子たちの一挙手一投足に「反応」あるいは「応答」しているという感覚がしっくり来る。彼女たちは「ｂｅｉｎｇ」しかしていない。言葉もルールも文脈も持たない赤子たちと接するのはなかなか大変だ。身体の内側に起こるなんらかの感覚が「泣く」「むずかる」「笑う」などのアクションを通じてダイレクトに表現される。抱っこして欲しかった、オムツを替えて欲しかったというのは結果論であって、絶対的な正解があるわけではない。本人すら自分の中で何が起こっているかわかっていないだろうし、我々はとにかく、双子たちが生きることにひたすらつき合い続けていくしかない。

「責任」を英語で「responsibility」と表記するが、言葉の成り立ちをたどると、これが「response（反応・応答）＋ability（できる力）」という意味から来る言葉であることがわかる。赤子たちのbeingにresponseし続けていくためには、知識や家事能力、体力や精神力、時間やお金など、実に様々なものが必要になってくると痛感する。親になるとはもしかしたら、そういったresponsibilityを身につけていくことなのかもしれない。

私は今年2020年で40歳を迎える。私はいつか死んでしまうし、しおりさんも死ぬ。今はぷりぷりの赤子である双子たちだっていつかは死ぬことになる。そのことを思うと呆然としてしまうし、私たちが生まれた意味なんて到底わかり得ないけれど、人生はまだしばらく続くだろう。その日までは死ねない。生まれたからにはまだ死ねないのだ。

初出一覧

1　あの人がいない人生を生きるのだ――失恋による小さな死

あの人がいない人生を生きるのだ　『失恋手帖』vol.２「揺れる」編集部　２０１８年11月25日

失恋による〝小さな死〟を乗り越えるには　『ウートピ』wotopi.jp　２０１６年６月２日

こじらせ男子の当事者研究――失恋ホストの現場から　『臨床心理学』増刊第９号『みんなの当事者研究』（熊谷晋一郎 編）金剛出版　２０１７年８月10日

2　俺たちは全然客観的で中立的なんかじゃない――男の幼稚さ

「気づかない男たち」――ハラスメント・スタディーズ　『臨床心理学』第20巻第１号『人はみな傷ついている――トラウマケア』（橋本和明 編）金剛出版　２０２０年１月10日

俺たちは全然〝客観的〟で〝中立的〟なんかじゃない――セカンドレイプ　『ＥＰＯＣＡ』azarea-epoca.jp　２０１９年８月16日

ボクたちはいつ大人になれるのだろうか――大根仁作品における「男の幼稚さ」について　『ユリイカ』２０１７年10月号 青土社２０１７年９月27日

『ラブライブ！サンシャイン!!』のＰＲイラスト論争。批判の声に怒っているのは誰なのか　『ＱＪＷｅｂ クイック・ジャパン ウェブ』qjweb.jp　２０２０年２月18日

女子小学生にまで求められる〝男ウケ〟のモテ技。俺たち男はなぜ「さしすせそ」で気持ち良くなってしまうのか　『ＱＪＷｅｂ クイック・ジャパン ウェブ』qjweb.jp　２０２０年５月16日

世界で進む「性的同意」の議論。俺たちはその意味を理解できているのか　『ＱＪＷｅｂ クイック・ジャパン ウェブ』qjweb.jp　２０２０年５月26日

3　私たちはすれ違ってすらいないのかもしれない――コミュニケーションと聞く力

「男をひと括りにするな！」から進むために　『すばる』２０１８年12月号 集英社　２０１８年11月６日

我々が〝聞ける男〟になるために必要なこと　朝日新聞デジタル『&Ｍ』asahi.com/and_M/　２０１７年９月15日

「コロナ離婚」の背景にある絶望感の正体　『ＱＪＷｅｂ クイック・ジャパン ウェブ』qjweb.jp　２０２０年４月３日

私たちは〝すれ違ってすらいない〟のかもしれない　『ＰＨＰスペシャル』２０２０年５月号 ＰＨＰ研究所　２０２０年４月10日

4　生理が自己責任になってしまうディストピア――強固な男性優位の社会構造

田嶋陽子が再ブーム。〝日本でいちばん誤解されたフェミニスト〟はこんなにカッコ良かった　『ＱＪWebクイック・ジャパンウェブ』qjweb.jp ２０２０年３月７日

エロ本の作り手にお話を伺う中で見えてきた巨大構造　『エトセトラ』ｖｏｌ．１ エトセトラブックス ２０１９年５月15日

生理が〝自己責任〟になってしまうディストピア　『ＤＲＥＳＳ』p-dress.jp ２０２０年５月10日

ｄｏｉｎｇ偏重社会に生きる私たちに突きつけられた〝ミラー小説〟　『ハフポスト』huffingtonpost.jp ２０１８年９月29日

「子どもを産まなかったほうが問題」は失言ではない。現政権の本音だ　『ＱＪWebクイック・ジャパンウェブ』qjweb.jp ２０２０年１月21日

「夫婦別姓は犯罪が増える」というトンデモ発言は〝男性特権〟が生んだ無知の末路　『ＱＪWebクイック・ジャパンウェブ』qjweb.jp ２０２０年３月24日

5　加害者性に苦しむ男たち――抑圧と孤独

女性の恋愛相談を聞きまくった結果、過剰に抑圧されるようになった私の性欲　『WEZZY』wezz-y.com ２０１８年４月15日

〝加害者性〟に苦しむ男たち　『こころの科学』SPECIAL ISSUE『女性の生きづらさ――その痛みを語る』（信田さよ子 編）日本評論社２０２０年１月９日

内面の孤独　『文學界』２０１７年12月号 文藝春秋 ２０１９年11月７日

性欲は〝本能〟っていうけれど……男性にとって風俗とはどういう場所なのか　書き下ろし

6　生まれたからにはまだ死ねない――ｂｅｉｎｇから「私」へ

矛盾への恐怖と恋愛相談　『yom yom』ｖｏｌ．99・２０１９年４月号 新潮社 ２０１９年３月15日

「だったらひとりで生きればいいのでは？」と絶望される前に　書き下ろし

家に一冊も本がなかった　『週刊朝日』２０１７年７月７日号「最後の読書」朝日新聞出版社 ２０１９年６月27日

自分を掘れば他者とつながる　『共同通信』２０１９年９月30日配信

ぺこぱ〝ＮＥＯ優しい〟の衝撃「優しいのにおもしろい」という革命　『ＱＪWebクイック・ジャパンウェブ』qjweb.jp ２０２０年２月４日

笑いと脱力をもたらすｂｅｉｎｇの世界――さくらももこ論　『すばる』２０１９年３月号集英社 ２０１９年２月６日

生まれたからにはまだ死ねない　『すばる』２０２０年４月号 集英社 ２０２０年３月６日

※本書収録にあたり、一部改題・改稿しています。

清田隆之（きよた・たかゆき）
1980年東京都生まれ。文筆業、恋バナ収集ユニット「桃山商事」代表。早稲田大学第一文学部卒業。これまで1200人以上の恋バナを聞き集め、「恋愛とジェンダー」をテーマにコラムやラジオで発信している。『cakes』『WEZZY』『QJWeb』『an・an』『精神看護』『すばる』『現代思想』『yomyom』など幅広いメディアに寄稿。朝日新聞be「悩みのるつぼ」では回答者を務める。桃山商事としての著書に『二軍男子が恋バナはじめました。』（原書房）『生き抜くための恋愛相談』『モテとか愛され以外の恋愛のすべて』（共にイースト・プレス）、トミヤマユキコ氏との共著に『大学1年生の歩き方』（左右社）、単著に『よかれと思ってやったのに——男たちの「失敗学」入門』（晶文社）がある。

さよなら、俺たち

2020年7月26日　初版発行

著者　清田隆之（桃山商事）
装幀　六月
編集発行者　森山裕之
発行所　株式会社スタンド・ブックス
〒177-0041　東京都練馬区石神井町7-24-17
TEL.（03）6913-2689　FAX.（03）6913-2690
stand-books.com

印刷・製本　中央精版印刷株式会社


ISBN 978-4-909048-08-0 C0095